职场盛名
综合症

内涵、测量与影响

张 琼 ◎ 著

企业管理出版社
ENTERPRISE MANAGEMENT PUBLISHING HOUSE

图书在版编目（CIP）数据

职场盛名综合症：内涵、测量与影响 / 张琼著. --
北京：企业管理出版社，2024.12. -- ISBN 978-7
-5164-3170-2

Ⅰ. C913.2

中国国家版本馆CIP数据核字第2024ZA5663号

书　　名：职场盛名综合症：内涵、测量与影响
书　　号：ISBN 978-7-5164-3170-2
作　　者：张　琼
责任编辑：蒋舒娟
出版发行：企业管理出版社
经　　销：新华书店
地　　址：北京市海淀区紫竹院南路17号　　邮编：100048
网　　址：http://www.emph.cn　　电子信箱：26814134@qq.com
电　　话：编辑部（010）68701661　　发行部（010）68417763　　（010）68414644
印　　刷：北京亿友数字印刷有限公司
版　　次：2024年12月第1版
印　　次：2024年12月第1次印刷
开　　本：710mm×1000mm　　1/16
印　　张：12.5印张
字　　数：194千字
定　　价：78.00元

版权所有　　翻印必究·印装有误　　负责调换

前　言

在全球人才竞争严峻态势下，对于高成就或具有高潜力的人才，组织往往积极采取正面反馈、晋升提拔等正向激励措施，赋予人才以"盛名"，以达到激励人才、培养人才的目的，进而驱动组织创新和发展。尽管这些正向激励措施的有效性在组织实践中得到了一定程度的验证，然而现实情况是，这些受到组织重视的人才在组织中所获得的认可、机会和期望，反而有可能成为他们的"诅咒"，产生盛名综合症（imposter syndrome）[1]，即主观感知"盛名难副"，可能为盛名所累进而产生一系列负面后果。一项调查研究表明，在各行各业中40%到70%的受雇者在职业生涯中都曾经历过盛名综合症。以往研究得出，盛名综合症在职场高成就人群中尤为盛行。

其实，组织通过正向激励措施赋予员工以"盛名"，其初衷是激励人才、培养人才，本质上是对员工职业能力的激励和培养。现如今的组织快速变化导致组织用人、育人进程被迫加速，组织赋予的这些"盛名"所对应的职业能力要求很高，而员工的职业能力发展其实是一个渐进的过程，因而员工获得"盛名"的当下可能并没有达到这种职业能力的高要求。那么，员工将可能阶段性地感受到组织对其职业能力的认可或期望高于职业能力发展的实际

---

[1] syndrome 根据牛津词典，应译为"综合征"，可以理解为症状群或者一系列典型表征。目前学术研究基本认同盛名综合症并非病理上的精神紊乱（Bravata 等，2019），而是一种普遍存在的认知特征（Neureiter 和 Traut-Mattausch，2016；Tewfik，2022；Kark 等，2022）。尽管如此，盛名综合症这一表述在学术研究中的使用已经形成惯性，在非常有限的中文文献中使用了盛名综合症（马君和闫嘉妮，2020），这个表述在大众传媒中更是深入人心（Kark 等，2022）。所以，本研究采用了"盛名综合症"这一表述。

进程，即职业能力"被高估"，产生职场盛名综合症，进而可能对不同员工的职业能力发展产生差异性的影响：有的员工可能接受"盛名"带来的挑战积极应对继而实现发展，有的员工则可能被"盛名"所威胁消极应对继而抑制发展。由此，希望学术界进一步阐释盛名综合症的内涵特征，以及揭示职场盛名综合症在员工职业能力发展中究竟会产生何种影响，这些影响又是如何产生，在何条件下产生。

回顾职场盛名综合症学术研究现状发现，职场盛名综合症这一研究主题在近年来备受国内外主流权威期刊的关注和推崇，尽管如此，职场盛名综合症研究目前还处于起步阶段，相关学术讨论还有待深入，观之国内相关文献更可谓凤毛麟角。不少学者指出，职场盛名综合症研究发展受限的一个重要原因就是其概念内涵及测量工具存在不足。与此同时，目前大部分相关研究都聚焦于职场盛名综合症可能引发的消极效应，对于其积极效应的探究，尤其是双刃剑效应的探索十分有限。由此，职场盛名综合症的概念、测量工具，以及其在组织情境中的影响结果及具体作用机制，都迫切需要更加深入和全面的研究。

基于现实背景和理论背景，本研究拟回应以下问题：一是关于 What 的问题，即职场盛名综合症是什么？包括了职场盛名综合症的概念内涵是什么以及职场盛名综合症的测量工具是什么；二是关于 How 和 When 的问题，即职场盛名综合症如何并在何条件下对员工职业能力发展产生影响？包括了职场盛名综合症对员工职业能力发展的作用机制是什么和边界条件是什么。

在研究问题的指引下，本研究首先进行了研究一：职场盛名综合症的概念与测量量表开发。研究一是为了回应 What 的问题，主要内容包括：首先根据以往文献基础以及现实观察，采用演绎法建构出职场盛名综合症的概念内涵，进而依照成熟的量表开发程序，开发出符合时代性、普适性、结构合理性的，且信效度良好的测量量表。然后进行研究二：职场盛名综合症对员工职业能力发展的双刃剑效应。研究二是为了回应 How 和 When 的问题，主要内容为：基于压力认知评价理论，提出职场盛名综合症对员工职业能力发展的双刃剑效应模型并进行实证检验，包括双路径作用机制和边界条件。

本研究的主要研究结论如下所述。

第一，基于相关文献进行理论演绎，结合当前研究趋势，聚焦概念的认知属性及职场情境，在中文语境中将职场盛名综合症的概念界定为：个体在职场中主观认为自己盛名难副的典型认知表现。并且进一步阐明，"盛名难副"实质上是一种认知差异，也就是主观上将外界的能力证据（即"盛名"）与自身能力进行比较并得出自身能力不足的判断（即"难副"）。该概念阐释对以往概念内涵起到一定的归纳和提炼作用。在此基础上，进一步明晰了概念的内涵结构：评价盛名难副、成就盛名难副、工作盛名难副。

第二，严格遵循量表开发流程，通过探索性因子分析、验证性因子分析、信度及效度检验，最终构建职场盛名综合症量表，包含三个维度：评价盛名难副、成就盛名难副、工作盛名难副，每个维度均由三个题项构成。该量表相较以往量表具有时代性、普适性、结构合理性等优势。此外，通过预测效度检验，职场盛名综合症显著正向影响情绪耗竭和工作压力。

第三，收集668份国内企业员工有效样本，通过定量分析方法，最终实证分析结果表明，职场盛名综合症通过工作努力正向影响职业能力发展，职场盛名综合症通过知识隐藏负向影响职业能力发展，即职场盛名综合症通过双中介影响路径对职业能力发展产生双面作用。

第四，通过对样本数据的定量分析，结果表明：掌握氛围强化职场盛名综合症对工作努力的正向影响，掌握氛围强化职场盛名综合症通过工作努力对职业能力发展的正向影响；绩效氛围强化职场盛名综合症对知识隐藏的正向影响，绩效氛围强化职场盛名综合症通过知识隐藏对职业能力发展的负向影响。

本研究的主要理论贡献有三。

一是拓展职场盛名综合症概念内涵和测量工具。职场盛名综合症逐渐成为组织与管理研究的前沿热点问题，然而不少学者指出限制职场盛名综合症研究的首要障碍就是其概念内涵探究不足。本研究基于职场盛名综合症最新研究趋势，通过文献演绎和现实归纳，对职场盛名综合症进行概念界定，探究其结构维度，拓展深化职场盛名综合症概念内涵，推动职场盛名综合症理论发展，对后续相关理论与实证研究具有启发和参考价值。本研究进一步结合当前研究趋势及实证应用需要，聚焦概念的认知属性及职场情境，遵循成熟的量表开发程序，构建职场盛名综合症测量量表，与以往量表相比较，更具时代性、普适性、结构合理性，为未来实证研究对职场盛名综合症进行有效测量奠定扎实的工具基础。

二是揭示职场盛名综合症对职业能力发展的双刃剑作用机制及边界条件。职场盛名综合症在以往研究中往往被聚焦其消极面，本研究引入压力认知评价理论作为理论解释框架，刻画了职场盛名综合症对职业能力发展的双刃剑作用机制，研究结论拓展了职场盛名综合症研究新的理论视角，对职场盛名综合症理论发展有一定的推动和发展作用，与此同时也拓展和补充了压力认知评价理论的应用场景和范式，能够一定程度上启发未来相关理论和实证研究。基于压力认知评价理论框架，聚焦感知动机氛围的两个维度即掌握氛围和绩效氛围，考察了它们在职场盛名综合症对职业能力发展作用机制中的调节效应，拓展职场盛名综合症对职业能力发展作用的边界条件研究，对职场盛名综合症理论起到进一步的延展作用，此外也进一步丰富和补充了压力认知评价理论的应用研究。

三是丰富员工职业能力发展形成过程研究。相较以往研究主要关注于积极的个体特质和情境因素对职业能力发展的正向影响作用和过程，本研究揭示了从职场盛名综合症这样一种适应不良的心理状态，在组织的掌握氛围影响下，导致个体产生工作努力的应对方式，进而对员工职业能力发展产生积极作用。本研究结论从一定程度上补充和丰富了员工职业能力发展的形成过程和边界条件研究，对员工职业成长理论起到一定的推动和发展作用。

本研究对管理实践的启发如下所述。

第一，组织需要重视和正确认识职场盛名综合症。组织应该更清晰地认知和辨别职场盛名综合症，对职场盛名综合症及其复杂影响引起高度重视，辩证地看待职场盛名综合症，提高人才管理的效果和效率。一方面，组织应该检视人才管理中的评价、奖励、晋升、任务安排等环节，做到"盛名"和能力相匹配；另一方面，组织对于员工的职场盛名综合症可以进行积极的心理疏导，引导员工进行正面认知评价，鼓励员工聚焦问题积极应对，提高自身能力，为自己和组织创造价值。

第二，组织可以密切关注员工职场盛名综合症滋生情境。本研究对职场盛名综合症概念三个维度的划分，实质上就是刻画了触发职场盛名综合症生成的三种职场场景，即评价盛名难副、成就盛名难副、工作盛名难副。也就是说，组织可以密切关注评价、成就、工作任务这三个职场盛名综合症的滋生情境，一方面从滋生源头上控制职场盛名综合症的产生，另一方面从三种情境原因出发制定应对策略。

第三，组织能够通过塑造掌握氛围引导职场盛名综合症促进员工成长。在复杂多变的组织环境中，组织被迫加快使用人才、培育人才的进度，难以避免出现对员工的阶段性"高估"，组织应该提升掌握氛围，即加大力度倡导努力、分享、合作、学习的共同价值观和行为准则，鼓励员工采用自我参考的标准衡量成败并聚焦于个人进步，引领员工正面应对"被高估"带来的挑战，投入更多的时间和精力，不断学习和成长，磨炼技能，积累经验，最终实现自身职业能力的提升和发展，达到个人和组织的双赢。

第四，组织必须警惕绩效氛围对职场盛名综合症负面影响的恶化效应。在用人、育人进度加快的组织环境中，组织应该更加警惕绩效氛围可能对职场盛名综合症消极效应的催化作用，吸取"绩效主义毁了索尼"的惨痛教训，不应过分强调团队竞争、社会比较和能力公众认可的价值标准，否则将导致员工丧失内部动机，一味追求他人参考的评价标准，对知识和技能进行隐藏，故步自封，最终无法实现职业能力发展，个人和组织的价值皆会受损。

第五，组织应该加强员工职业能力发展过程管理。组织应该加强对员工职业能力发展过程的培育和管理，把握员工职业能力发展的动态过程，适时进行针对性的能力培育和心理辅导，在员工职业成长过程中，不仅给予认可、机会和期望，赋予"盛名"，更要以能力发展为导向，为员工"充电"和"打气"，让员工从"别人觉得我行"发展为"我确实行"，最终达到"名副其实"，为组织创造更大价值，实现个人和组织双丰收。

本研究的创新之处体现在以下三点：一是构建职场盛名综合症的概念内涵及测量工具，对职场盛名综合症理论具有一定的创新和推进价值；二是使用压力认知评价理论框架来解释职场盛名综合症对员工职业能力发展的双刃剑影响机制，丰富了职场盛名综合症的研究视角，拓展了压力认知评价理论应用场景和范式；三是揭示职场盛名综合症对员工职业能力发展的双刃剑影响机制及边界条件，提出了具有一定程度创新的理论观点，并用实证研究进行检验，对职场盛名综合症相关研究进行了补充和发展。

目 录

1 绪论 1
   1.1 研究背景 1
      1.1.1 现实背景 1
      1.1.2 理论背景 3
   1.2 研究目标与研究内容 7
      1.2.1 研究目标 7
      1.2.2 研究内容 9
   1.3 研究意义 10
      1.3.1 理论意义 10
      1.3.2 现实意义 13
   1.4 研究方法与技术路线 15
      1.4.1 研究方法 15
      1.4.2 技术路线 16
   1.5 创新之处 17
      1.5.1 构建职场盛名综合症的概念内涵及测量工具 17
      1.5.2 丰富职场盛名综合症研究的理论视角与范式 19
      1.5.3 揭示职场盛名综合症对员工职业能力发展的
           双刃剑影响机制及边界条件 20
   1.6 本章小结 21
2 文献综述 22
   2.1 职场盛名综合症的概念与测量 22

2.1.1 职场盛名综合症概念的发展 ············· 22
  2.1.2 职场盛名综合症与相近概念辨析 ········· 24
  2.1.3 职场盛名综合症的维度与测量 ··········· 25
 2.2 职场盛名综合症研究的理论视角 ············· 30
  2.2.1 归因理论 ······························ 30
  2.2.2 自我分类理论 ·························· 31
  2.2.3 印象管理理论 ·························· 32
  2.2.4 认知失调理论 ·························· 32
  2.2.5 资源保存理论 ·························· 33
  2.2.6 自我价值感权变理论 ···················· 34
 2.3 职场盛名综合症的影响因素 ················· 35
  2.3.1 个体因素 ······························ 35
  2.3.2 情境因素 ······························ 38
 2.4 职场盛名综合症的影响结果 ················· 38
  2.4.1 个体情绪结果 ·························· 39
  2.4.2 个体认知结果 ·························· 39
  2.4.3 个体行为结果 ·························· 40
 2.5 职场盛名综合症整合研究框架 ··············· 40
 2.6 职场盛名综合症研究述评 ··················· 41
  2.6.1 职场盛名综合症的概念内涵 ············· 41
  2.6.2 职场盛名综合症形成的情境因素 ········· 42
  2.6.3 职场盛名综合症的双刃剑效应 ··········· 42
  2.6.4 职场盛名综合症的多层次研究 ··········· 43
  2.6.5 职场盛名综合症的本土化及跨文化研究 ··· 43
 2.7 其他研究变量文献回顾 ····················· 44
  2.7.1 职业能力发展 ·························· 44
  2.7.2 工作努力 ······························ 48
  2.7.3 知识隐藏 ······························ 55
  2.7.4 感知动机氛围 ·························· 60
 2.8 本章小结 ································· 63

3 职场盛名综合症的量表开发与检验 … 64
3.1 引言 … 64
3.2 职场盛名综合症的量表开发 … 65
3.2.1 概念界定及初始题项生成 … 65
3.2.2 题项的提炼 … 70
3.2.3 探索性因子分析 … 72
3.2.4 验证性因子分析 … 74
3.2.5 结构效度检验 … 77
3.3 职场盛名综合症量表预测效用检验 … 77
3.3.1 研究假设 … 77
3.3.2 研究设计 … 78
3.3.3 数据分析与结果 … 80
3.4 结论与讨论 … 82
3.5 本章小结 … 83

4 职场盛名综合症对职业能力发展的双刃剑效应 … 84
4.1 理论框架：压力认知评价理论 … 84
4.1.1 压力认知评价理论的核心内容 … 84
4.1.2 压力认知评价理论的测量方式 … 86
4.1.3 应用压力认知评价理论的实证研究 … 87
4.2 概念模型 … 90
4.3 研究假设 … 92
4.3.1 挑战性压力认知评价：职场盛名综合症对工作努力的刺激作用 … 92
4.3.2 威胁性压力认知评价：职场盛名综合症对知识隐藏的诱发作用 … 94
4.3.3 感知动机氛围的调节作用 … 96
4.3.4 职场盛名综合症对职业能力发展的积极影响：工作努力的中介作用 … 98
4.3.5 职场盛名综合症对职业能力发展的消极影响：知识隐藏的中介作用 … 99

		4.3.6	被感知动机氛围调节的中介效应	101
		4.3.7	研究假设汇总	103
	4.4	研究设计		103
		4.4.1	研究样本与调研程序	103
		4.4.2	变量操作性定义及测量工具	105
		4.4.3	统计分析方法	109
	4.5	数据分析与结果		109
		4.5.1	信度和效度检验	109
		4.5.2	模型拟合优度分析	116
		4.5.3	共同方法偏差检验	117
		4.5.4	描述性统计与相关分析	117
		4.5.5	假设检验	119
	4.6	结论与讨论		124
		4.6.1	研究结论	124
		4.6.2	职场盛名综合症对工作努力、知识隐藏的影响	125
		4.6.3	职场盛名综合症对职业能力发展的双刃剑影响机制	126
		4.6.4	感知动机氛围的调节效应	127
	4.7	本章小结		127

5 研究结论与展望 129

	5.1	研究结论		129
		5.1.1	职场盛名综合症概念与内涵	129
		5.1.2	职场盛名综合症测量量表	130
		5.1.3	职场盛名综合症对职业能力发展的双刃剑影响机制	130
		5.1.4	职场盛名综合症对职业能力发展影响机制的权变因素	131
	5.2	理论贡献		131
		5.2.1	拓展职场盛名综合症概念内涵和测量工具	131

	5.2.2 揭示职场盛名综合症对职业能力发展的双刃剑影响机制及边界条件	132
	5.2.3 丰富员工职业能力发展形成过程研究	133
5.3	管理启示	134
	5.3.1 组织需要重视和正确认识职场盛名综合症	134
	5.3.2 组织可以密切关注员工职场盛名综合症滋生情境	135
	5.3.3 组织能够通过塑造掌握氛围引导职场盛名综合症促进员工成长	135
	5.3.4 组织必须警惕绩效氛围对职场盛名综合症负面影响的恶化效应	136
	5.3.5 组织应该加强员工职业能力发展过程管理	136
5.4	研究局限与未来展望	137
	5.4.1 研究局限性	137
	5.4.2 未来研究展望	138

附录一 半结构化访谈提纲 … 141

一、导语 … 141
二、访谈目的简介 … 141
三、访谈主要问题（可根据实际情况修正或增加问题）… 142
四、结束语 … 142

附录二 调查问卷 … 143

研究一：探索性及验证性因子分析调查问卷 … 143
研究一：量表预测效度分析调查问卷 … 145
研究二：第一阶段调查问卷 … 149
研究二：第二阶段调查问卷 … 152
研究二：第三阶段调查问卷 … 152

参考书目 … 155

1 绪论

1.1 研究背景

1.1.1 现实背景

经济全球化不等同于技术全球化。清华大学国际关系研究院阎学通教授接受《中国日报》的采访时表示，在目前全球经济环境中，技术保护、技术封锁政策正在引发严峻的人才竞争态势。

在国际和国内的人才战略背景下，人才资源在组织竞争中的力量和优势日益凸显，被认为能为组织做出不可或缺、无法替代、提升价值的贡献（Asgari 等，2021）。由此，组织往往不遗余力地采取正面反馈、晋升提拔等正向激励措施，赋予人才以"盛名"，以达到激励人才、培养人才的目的，进而驱动组织创新和发展（马君和闫嘉妮，2020；王庆娟等，2023）。当然，这些正向激励措施的有效性在组织实践中得到了较大程度的验证（马君和闫嘉妮，2020）。例如，黄卫伟等主编的畅销书《以奋斗者为本：华为公司人力资源管理纲要》提到，华为的人力资源管理中的激励机制以"三分"为人所称道，就是分权、分利和分名。

然而，《哈佛商业评论》发布过一项研究，通过对企业管理实践的观察提出"人才诅咒"（talent curse）现象，即这些受到组织重视的人才在组织中所获得的认可、机会和期望，反而有可能成为他们的"诅咒"，对他们的职业成长、敬业度和工作表现产生消极影响，甚至导致离职（Petriglieri J. 和 Petriglieri G.，2017）。以往相关学术研究也指出，被企业给予地位、机会和期望的明星CEO、明星员工等人才也可能为"盛名"所累，产生负面信息隐藏、抑制创造力等负面后果（于李胜等，2021；马君和闫嘉妮，2020；马君等，2022）。

为探究"盛名"之于员工可能存在双刃剑效应的问题，最近的组织与管理研究将目光聚焦到"盛名综合症"这一个体心理概念上来，指出它或将成为一个有效的心理解释机制（马君和闫嘉妮，2020；马君和马兰明，2023；Tewfik，2022；Kark 等，2022）。盛名综合症（imposter syndrome），作为主观上认为他人高估自己能力的一种认知失调状态（Tewfik，2022），在获得高成就的职业人群中尤为盛行（Kark 等，2022；Clance 和 Imes，1978；Clance，1985）。例如，美国前第一夫人米歇尔·奥巴马于2018年在BBC演讲中提到："我至今还是有一点盛名综合症……其实我们每个人都会怀疑我们的能力和力量。"（Kark 等，2022）又如谷歌前副总裁谢丽尔·桑德伯格在她的畅销书《向前一步》中也分享了自己在职业成长和发展的某个阶段有过"盛名综合症"（Hutchins，2015）。当然，盛名综合症并不局限于高成就职业人群，它在职场中具有普遍性（Tewfik，2022；Bravata 等，2019；Kark 等，2022）。美国的一项调查指出在各行各业中40%到70%的受雇者在职业生涯中都曾经历过盛名综合症（Buchanan，2006）。其实，只要个体在职业成长和发展中的某个时刻，有以下这些想法，如"对于我很重要的人对我能力的认知高于我自己的认知""我受到了比我自己值得的更多的认可""我并没有其他人认为的那么够格"等，那么，个体就可能经历了盛名综合症（Tewfik，2019）。可见，盛名综合症是跨越性别、职业、种族和民族而普遍存在的一种主观心理感知（Harvey 和 Katz，1985；Bravata 等，2019）。

其实，组织通过正向激励措施赋予员工以"盛名"，其初衷是激励人才、培养人才，本质上是对员工职业能力的激励和培养。而员工对于自己职业能力的外界证据与自己职业能力的自我评价之间，可能存在不匹配的情况（Tewfik，2019）。这种不匹配很重要的一个解释就是，现如今的组织快速变化导致越来越多的员工获得组织的认可、机会和期望，这些"盛名"所对应的职业能力标准很高，而员工的职业能力发展，被视作预测员工职业成长最稳定因素，其实是一个渐进的过程（Adams，1999；Greenhaus等，2000；翁清雄和席酉民，2011），因而员工获得"盛名"的当下可能并没有达到这种职业能力的高要求（Corley和Schinoff，2017；Tewfik，2019）。那么，员工将可能阶段性地感受到组织对其职业能力的认可或期望高于职业能力发展的实际进程，即职业能力"被高估"，产生职场盛名综合症。例如，一位缺乏人际经验的技术人员被晋升为对人际技能要求更高的部门主管，可能引发"被高估"的认知而导致职场盛名综合症。然而，职场盛名综合症，也就是这种对自身职业能力认知的"内""外"不匹配状况，可能对不同员工的职业能力发展产生差异性的作用：有的员工可能接受"盛名"带来的挑战，积极应对进而实现发展，有的员工则可能被"盛名"所威胁，消极应对继而抑制发展。

那么，组织亟待思考的问题是：组织通过正向激励措施赋予员工以"盛名"缘何失效？职场盛名综合症的心理特征是什么？具体表现是什么？员工产生职场盛名综合症即认为自己的职业能力被高估，对其职业能力发展究竟是促进还是阻碍？其具体的作用机制又是什么？组织在此过程中能采取什么干预措施？鉴于此，盛名综合症在职场中的具体体现亟待更加完整刻画，其对员工职业能力发展的双刃剑效应，包括具体作用机制和边界条件，都亟待进一步探讨。

1.1.2 理论背景

盛名综合症（imposter syndrome），也称"盛名难副现象"（imposter phenomenon），最初被临床心理学用来捕捉尽管获得了突出的职业成就，还是无法将成功内化，认为他人高估了自己的能力，感觉自己"名不副实"并且害怕暴露的主观心理感知（Clance和Imes，1978；Clance，1985；Clance和O'Toole，1987）。Tewfik（2022）在明确"工作"这一研究范畴的基础上，将职场盛名综合症概念化为一种认为他人高估自己工作能力的主观认知。他同时指出盛名综合症可以被常见的组织情境因素触发。与这一观点相呼应的是，已有几项研究表明，一些组织通常采用的正向激励措施（如晋升、奖励、正面反馈）将导致员工产生盛名综合症，即认为自己的工作能力被高估

（McDowell，2007；Christensen 等，2016；Schubert 和 Bowker，2019；马君和闫嘉妮，2020）。那么，当前的研究趋势是，把盛名综合症视作一种普遍存在的可被职场情境触发的认知特征（Bravata 等，2019；Tewfik，2022；Kark 等，2022）。

近年来，职场盛名综合症这一研究主题受到国内外主流权威期刊的关注和推崇（如：马君和闫嘉妮，2020；马君和马兰明，2023；Tewfik，2022；Kark 等，2022）。然而，与其学术研究价值及前景不相匹配的是，对于职场盛名综合症的学术讨论还有待深入（Tewfik，2022；Kark 等，2022），特别是国内相关文献目前有限。不少学者指出，职场盛名综合症研究发展受限的一个重要原因就是其概念内涵及测量工具存在不足（French 等，2008；Sakulku 和 Alexander，2011；Tewfik，2022；Kark 等，2022）。

目前职场盛名综合症相关研究基本上还是受制于半个世纪前 Clance 和 Imes（1978）对 150 位职业女性临床观察得出的研究结论，将盛名综合症视为一种女性特有的类特质的病理现象，受早期成长经历影响并需要干预治疗（Kark 等，2022）。近年来的研究趋势是，将职场盛名综合症视为一种普遍存在的个体认知特征（Neureiter 和 Traut-Mattausch，2016；Tewfik，2022；Kark 等，2022），这一认知特征会被职场情境因素触发（McDowell 等，2015；Schubert 和 Bowker，2019；Tewfik，2022；Kark 等，2022）。因此，Clance（1985）在其 1978 年研究的基础上开发的测量量表虽然在以往学术研究中得到最为广泛的应用（Mak 等，2019；马君和闫嘉妮，2020），但是由于其所基于的概念内涵与当前研究趋势不符，可能存在活力不足的风险（Kark 等，2022）。其次，该量表的开发是基于特定的样本——高成就女性群体（Clance 和 Imes，1978；Clance，1985），或将带来一定的局限性。此外，一项系统性述评研究指出，在应用该量表的已有实证研究中对量表内部结构的验证结果存在较大分歧（Mak 等，2019）。

诚然，更加近期的研究对盛名综合症的经典概念进行了再概念化和相应测量工具开发，如职场盛名思维（Workplace Impostor Thoughts）概念及量表（Tewfik，2019；Tewfik，2022）。Tewfik（2022）将职场盛名思维阐释为"认为他人高估了自己的能力"，相应测量量表为单一维度。然而经典研究和最新的研究，一般都将职场盛名综合症视作一个多维构念（Clance 和

Imes，1978；Harvey，1981；Clance，1985；Harvey 和 Katz，1985；Leary 等，2000；马君和闫嘉妮，2020；Kark 等，2022）。因此，Tewfik（2019）开发的职场盛名思维量表可能并未完整描绘出职场盛名综合症概念内涵的多个面向。

Clance（1985）的经典量表和 Tewfik（2019）的职场盛名思维量表在时代性、普适性、结构合理性方面可能存在一定的局限性。对于职场盛名综合症展开进一步研究的前提就是需要就职场盛名综合症的概念内涵、测量工具继续进行探索，否则将阻碍针对该研究主题的进一步探讨（Sakulku 和 Alexander，2011；Tewfik，2022）。

与此同时，现有组织与管理领域中的盛名综合症相关研究比较有限（Tewfik，2022；Kark 等，2022）。其中，绝大部分研究聚焦于职场盛名综合症可能引发的消极效应，如降低工作满意度、抑制组织公民行为、激化工作家庭冲突等（Hutchins 等，2018；Vergauwe 等，2015）；只有极少数研究对职场盛名综合症潜在积极效应进行了探索，如 Vergauwe 等（2015）指出盛名综合症可能促进员工对组织的持续承诺，Neureiter 和 Traut-Mattausch（2016）实证检验了盛名综合症与职业努力的正向关系。尽管数量十分有限，更加近期的研究已经关注到了职场盛名综合症可能存在的双刃剑效应，比如对工作掌握的双刃剑效应（Tewfik，2019），不过该研究并未探究该双刃剑作用路径在情境层面的边界条件，在实践应用层面会受到一定限制。

由此，盛名综合症在组织情境中的影响结果仍然有待进一步探究。职场盛名综合症代表个体认为外界高估自己的能力（Tewfik，2022），往往是被组织的正向激励措施所诱发（马君和闫嘉妮，2020；马君和马兰明，2023；Tewfik，2022；Kark 等，2022）。为了回应实践领域中组织的正向激励措施的初衷很多时候难以实现的问题（Petriglieri J. 和 Petriglieri G.，2017），职场盛名综合症这种工作能力被外界高估的认知与个体实际职业能力的发展之间的关系是一个值得进一步深入探讨的问题。Tewfik（2019）关于职场盛名综合症对工作掌握的双刃剑影响作用的研究结论，其实某种程度上暗示了职场盛名综合症对员工的职业能力发展可能同时存在积极和消极路径。考察职场盛名综合症和员工职业能力发展之间关系的已有研究甚少，仅有的研究指出盛名综合症将对员工职业计划、职业努力以及成为领导动机等职业发展相关指标产生正面或负面的影响，但是研究结果并未揭示具体作用机制（Neureiter 和 Traut-Mattausch，2016）。那么，职场盛名综合症如何、在何条件下将对员工职业能力发展产生积极或消极影响需要更加全面和深入的讨论。

压力认知评价理论（cognitive appraisal theory of stress）为盛名综合症对员工职业能力发展的双面效应提供了一个可行的理论解释框架。职场盛名综合症是员工认为自己工作能力的"外部证据"高于"内部认知"（Clance 和 Imes，1978；Clance，1985；Clance 和 O'Toole，1987），也就是一种人和环境之间失衡状态的主观判断，表征了压力性人和环境关系，即压力源（Folkman 等，1986）。而员工可能对职场盛名综合症所表征的压力源进行差异性的压力性认知评价，进而产生差异性的应对方式（Lazarus 和 Folkman，1984）。以往研究一般认为威胁性评价带来消极应对方式，挑战性评价带来积极应对方式（Rice 和 Busby，2023；Rice 和 Day，2022；Zhang 和 Parker，2022）。员工面对"被高估"的压力性情境，如果压力认知评价结果为挑战性压力源，员工认为自己能够克服"被高估"的压力，这将激励员工采取积极应对方式，如投入更多的时间和精力到工作当中，进而促进职业能力发展；如果压力认知评价结果为威胁性压力源，则员工认为自己不能克服"被高估"的压力，这将导致员工消极应对方式，如回避沟通隐藏自己的职业能力以免暴露，从而阻碍职业能力发展。已有研究表明组织支持、团队氛围等情境因素显著影响个体压力性评价过程（Neves 等，2018；Paškvan 等，2016）。团队掌握动机氛围强调学习、发展和相互合作（Nerstad 等，2013），员工受此氛围影响更加可能将"被高估"的压力视为挑战，采取积极应对策略，进而产生正面结果。团队绩效动机氛围着重比较和竞争（Nerstad 等，2013），员工受此氛围影响更加可能将"被高估"的压力视为威胁，采取消极应对策略，进而产生负面结果。

分析现实背景和理论背景，发现由于职场盛名综合症在组织实践中具有较强的现实意义，其引发的社会层面和学术层面的关注度逐年增加。如2015年到2022年，在谷歌搜索中对词条"盛名综合症"的搜索频次增长量超过其他词条搜索频次平均增长量的10倍（Kark 等，2022）。近三年，国内外主流权威期刊如 *Academy of Management Journal*，*Journal of Management*，《管理世界》和《南开管理评论》都就盛名综合症这一主题发表文章并强调该主题研究的重要价值（马君和闫嘉妮，2020；马君和马兰明，2023；Tewfik，2022；Kark 等，2022）。然而，许多学者指出对于职场盛名综合症的学术研究还处于起步阶段，有待进一步深入探讨（Tewfik，2022；Kark 等，2022），其中概念内涵与测量工具很显然将成为阻碍该主题研究发展的第一道壁垒（Sakulku 和 Alexander，2011；Tewfik，2022）。此外，对于职场盛名综合症这一聚焦工作能力的认知状态，其与个体职业能力发展之间的关系，目前鲜有研究进行全面深入的讨论和分析，同时以往研究对这一关系存在双刃剑效应有所暗示（Neureiter 和 Traut-Mattausch，2016；Tewfik，2019），这也是对于进一步探究职场盛名综合症对个体职业能力发展的双刃剑影响及其边界条件研究的迫切召唤。

鉴于此，本研究提出两个研究问题：问题一是关于 What，即职场盛名综合症是什么，包括职场盛名综合症的概念内涵是什么，以及职场盛名综合症的测量工具是什么；问题二是关于 How 和 When，即职场盛名综合症如何并在何条件下对员工职业能力发展产生影响，包括职场盛名综合症对员工职业能力发展的作用机制是什么和边界条件是什么。

1.2 研究目标与研究内容

1.2.1 研究目标

基于本研究试图回应的两个主要研究问题，拟订研究目标如下所述。

（1）厘清职场盛名综合症的概念和内涵

尽管职场盛名综合症的概念从 1978 年一项临床心理学研究首次被提出至今发展历程已逾四十年，然而现有大多数研究仍然沿用概念提出之初两位心理治疗师 Clance 和 Imes（1978）对于特定人群（高成就职业女性）临床观察所得出的概念阐释，即把职场盛名综合症视作一种"类特质"的病理现象。该阐释与近年来将职场盛名综合症视作被情境触发的认知状态的趋势不符（Neureiter 和 Traut-Mattausch，2016；Schubert 和 Bowker，2019；Tewfik，2022；Kark 等，2022）。诚然，近期也有部分学者明确职场情境对职场盛名综合症再概念化及构建维度（如：职场盛名思维、领导者盛名综合症），然而这些构念阐述之间、与经典构念的核心特征之间，均存在较为显著的差异和分歧（Tewfik，2022；Kark 等，2022）。由此，本研究在最新的研究趋势背景下，通过演绎和归纳相结合的方法，试图厘清职场盛名综合症的概念和内涵，探究其结构维度。

（2）开发职场盛名综合症测量量表

Clance（1985）在其 1978 年研究的基础上开发的测量量表虽然在以往学术研究中得到最为广泛的应用（Mak 等，2019；马君和闫嘉妮，2020），但是由于其所基于的概念内涵与当前研究趋势不符，可能存在活力不足的风险（Kark 等，2022）。其次，该量表的开发是基于特定的样本——高成就女性群体（Clance 和 Imes，1978；Clance，1985），或将存在一定的局限性。此外，一项系统性述评研究指出，在应用该量表的已有实证研究中对量表内部结构的验证结果存在较大分歧（Mak 等，2019）。而 Tewfik（2019）基于职场情境所开发的职场盛名思维的单一维度测量量表，与经典研究和较为近期的研究将职场盛名综合症视作一个多维构念（Clance 和 Imes，1978；Harvey，1981；Clance，1985；Harvey 和 Katz，1985；Leary 等，2000；马君和闫嘉妮，2020；Kark 等，2022）的观点存在分歧。由此，本研究将结合当前研究趋势及实证应用需要，聚焦概念的认知属性及职场情境，试图开发更具时代性、普适性、结构合理性特点的测量量表，为后续实证研究奠定坚实的测量工具基础。

（3）揭示职场盛名综合症对员工职业能力发展影响的双刃剑作用机制

为了回应实践领域中组织正向激励措施的初衷很多时候难以实现的问题（Petriglieri J. 和 Petriglieri G.，2017），职场盛名综合症这种工作能力被外界高估的失衡状态与个体实际职业能力的发展之间的关系是值得进一步深入探讨的问题。Tewfik（2019）关于职场盛名综合症对工作掌握的影响研究其实某种程度上暗示了职场盛名综合症对员工的职业能力发展可能同时存在双刃剑效应。考察职场盛名综合症和员工职业能力发展之间关系的已有研究甚少，仅有的研究指出盛名综合症将对员工职业计划、职业努力以及成为领导动机等职业发展相关指标产生正面或负面的影响，但是研究结果并未揭示具体作用机制（Neureiter 和 Traut-Mattausch，2016）。由此，本研究试图引入压力认知评价理论视角，将职场盛名综合症视作压力源，对职场盛名综合症对员工职业能力的双刃剑作用机制进行深入探究。

（4）探究职场盛名综合症对员工职业能力发展影响的边界条件

压力认知评价理论认为压力认知评价过程是一个动态的过程，该过程受到情境因素的影响（Lazarus 和 Folkman，1984）。与之相呼应的是，现有实证研究表明，情境因素如领导风格（Arnold 和 Walsh，2015；LePine 等，2016；Liu 等，2022）、组织支持（Neves 等，2018）、参与氛围（Paškvan 等，2016）都将显著作用于个体的认知评价过程，导致个体对压力源做出挑战性或威胁性的评价结果进而采取积极的或消极的应对方式。那么，基于压力认知评价理论框架，职场盛名综合症对员工职业能力发展的双刃剑效应的积极或消极路径也将受到情境因素的调节作用。由此，本研究试图引入情境因素作为调节变量进行探究，进一步阐释职场盛名综合症对员工职业能力发展双面效应的边界条件。

1.2.2　研究内容

基于以上研究目的，本研究将主要进行两项研究。

研究一是职场盛名综合症的概念与测量量表开发。研究一是回应 What 的问题，即职场盛名综合症是什么，包括职场盛名综合症的概念内涵是什么，以及职场盛名综合症的测量工具是什么。研究一的主要内容：首先根据以往文献基础以及现实观察，采用演绎法建构职场盛名综合症的概念内涵，进而依照成熟的量表开发程序，构建时代性、普适性、结构合理性的，信效度良好的测量量表。

研究二是职场盛名综合症对员工职业能力发展的双刃剑效应。研究二是回应 How 和 When 的问题，即职场盛名综合症如何并在何条件下对员工发展产生影响，包括职场盛名综合症对员工职业能力发展的作用机制是什么和边界条件是什么。研究二的主要内容：基于压力认知评价理论，提出职场盛名综合症对员工职业能力的双刃剑效应模型并进行实证检验，包括双路径作用机制和边界条件。

本书具体结构安排如下所述。

第一章　绪论。本章从研究的现实背景和理论背景出发，提出研究目的与研究内容，阐释研究意义，明确研究方法与技术路径，最后归纳出本研究的创新之处。

第二章　文献综述。首先，回顾和梳理职场盛名综合症概念与内涵的发展脉络，并将职场盛名综合症与相近概念进行辨析，还分析了已有的概念结构与测量量表；其次，归纳和阐述现有职场盛名综合症研究的理论视角；再次，总结以往研究中职场盛名综合症的形成因素及影响结果，并基于此构建出一个整合性研究框架；还对职场盛名综合症研究进行述评与展望；此外，还对其他研究变量进行文献回顾。

第三章　职场盛名综合症的量表开发与检验。首先，通过文献梳理，结合当前研究趋势，本章归纳和厘清职场盛名综合症的概念内涵；其次，通过初始题项生成、题项提炼、探索性因子分析、验证性因子分析、信度及效度检验，构建职场盛名综合症量表；最后，通过预测效度检验来验证测量量表的预测效用。

第四章　职场盛名综合症对职业能力发展的双刃剑效应。本章首先对研究模型所运用的理论框架——压力认知评价理论进行阐述，并对以往关于该理论应用现状的研究进行归纳和综述；基于压力认知评价理论框架构建研究模型，提出研究假设。进而是实证检验的过程：先是明确研究样本与调研程序，确定测量工具和统计分析方法和软件工具；其次对调研收集的数据进行分析并报告相关结果，包括信度分析、验证性因子分析、共同方法偏差检验、描述性统计与相关分析、假设检验的分析和结果；最后提出研究结论并进行讨论。

第五章　研究结论与展望。本章在职场盛名综合症的量表开发与检验研究和职场盛名综合症对职业能力发展的双刃剑效应研究基础上，归纳主要研究结论，阐述研究的理论贡献，提出研究对管理实践的建议和启示，最后总结研究的局限性并对未来研究提出展望。

1.3　研究意义

1.3.1　理论意义

（1）丰富对职场盛名综合症概念内涵的认识和理解

现有大多数研究仍然沿用半个世纪前两位心理治疗师 Clance 和 Imes

（1978）对于特定人群（高成就职业女性）临床观察所得出的概念阐释，该经典研究将盛名综合症视为类特质的病理现象这一研究结论，与近年来将其界定为认知特征的研究趋势不符（Neureiter 和 Traut-Mattausch，2016；Tewfik，2022；Kark 等，2022）。近期也有部分学者明确职场情境，提出了对职场盛名综合症的概念化及维度表述，然而这些构念阐述之间、与经典构念的核心特征之间，均存在较为显著的差异和分歧（Tewfik，2022；Kark 等，2022）。正如不少学者所指出的，职场盛名综合症研究发展受限的一个重要原因就是其概念内涵研究不足（French 等，2008；Sakulku 和 Alexander，2011；Tewfik，2022；Kark 等，2022）。本研究呼应职场盛名综合症最新研究趋势，通过演绎和归纳相结合的方法，厘清职场盛名综合症的概念和内涵，探究其结构维度，丰富和深化对职场盛名综合症概念内涵的认识和理解，为后续相关理论与实证研究提供启发和参考，这对职场盛名综合症的研究发展具有一定的促进作用。

（2）为职场盛名综合症的实证研究提供可靠的测量工具

尽管 Clance（1985）在其 1978 年研究的基础上开发的测量量表虽然在以往学术研究中得到最为广泛的应用（Mak 等，2019；马君和闫嘉妮，2020），但是由于其所基于的概念是将职场盛名综合症视作一种女性特有的类特质的病理现象，与当前研究趋势不符，可能存在活力不足的风险（Kark 等，2022）。此外，该量表还存在样本特殊性——高成就女性样本（Clance 和 Imes，1978；Clance，1985），以及应用该量表实证研究对其内部结构检验结果存在较大分歧（Mak 等，2019）。此外，更加近期的 Tewfik（2019）所开发的职场盛名思维量表，与经典研究以及许多最新研究对于将职场盛名综合症视作一个多维构念（Clance 和 Imes，1978；Harvey，1981；Clance，1985；Harvey 和 Katz，1985；Leary 等，2000；马君和闫嘉妮，2020；Kark 等，2022）的观点不符，该量表可能存在并未完整描绘出职场盛名综合症概念内涵的多个面向的风险。本研究结合当前研究趋势及实证应用需要，聚焦概念的认知属性及职场情境，遵循量表开发的标准程序，构建更具时代性、普适性、结构合理性特点的测量量表，为后续实证研究提供信效度良好的可靠测量工具。

(3) 揭示职场盛名综合症对职业能力发展的双刃剑作用机制

以往研究大多强调职场盛名综合症的"阴暗面",甚至用消极的情感视角来看待职场盛名综合症（Tewfik,2022）。目前的研究成果主要集中在职场盛名综合症的消极效应,如降低工作满意度、抑制组织公民行为、激化工作家庭冲突等（Hutchins 等,2018；Vergauwe 等,2015）；只有少数研究指出职场盛名综合症可能存在积极影响,如对持续承诺、职业努力和人际效能感知的正面效应（Vergauwe 等,2015；Neureiter 和 Traut-Mattausch,2016；Tewfik,2022）。目前已有极少数研究关注到了职场盛名综合症可能存在的双刃剑效应,如对工作掌握的双刃剑效应（Tewfik,2019）,不过该研究并未探究该双刃剑作用路径的情境层面的权变因素,实践应用和操作会受到一定限制。本研究引入压力认知评价理论作为理论解释框架,拓展职场盛名综合症研究新的理论视角,揭示职场盛名综合症与职业能力发展的双刃剑作用机制,推动职场盛名综合症理论发展；同时丰富压力认知评价理论的应用范式,为后续相关研究带来启发和参考。

(4) 拓展职场盛名综合症对职业能力发展作用的边界条件研究

压力认知评价理论认为压力认知评价过程是一个动态的过程,该过程受到情境相关因素的影响（Lazarus 和 Folkman,1984）,如领导风格（Arnold 和 Walsh,2015；LePine 等,2016；Liu 等,2022）、组织支持（Neves 等,2018）、参与氛围（Paškvan 等,2016）都将显著作用于个体的认知评价过程,导致个体做出差异性认知评价进而带来差异性应对方式。目前极少数探讨职场盛名综合症双刃剑影响的研究只考虑了个体层面的权变因素如个体的成长思维（Tewfik,2019）。本研究引入感知动机氛围作为情境层面权变因素,拓展职场盛名综合症对职业能力发展作用的边界条件研究,以期促进职场盛名综合症理论发展,同时进一步丰富和补充压力认知评价理论的应用研究。

(5) 补充和发展员工职业能力发展形成过程研究

职业能力发展是个体职业成长中的重要维度（翁清雄和席酉民,2011）,更被认为是衡量个体职业成长最稳定的指标（Adams,1999；Ellstrom,1997）。以往研究大多聚焦于积极的个体特质和情境因素对于职业能力发展的促进作用,如主动性人格、核心自我评价、组织提供的职业相关支持等

(Zhao 等，2016；Da Motta Veiga，2015；Bonnici 和 Cassar，2019；Kwon 和 Cho，2019）。本研究认为职场盛名综合症尽管作为一种人与环境的认知失衡状态（Tewfik，2022），在组织的掌握氛围影响下，却能够使得个体产生挑战性压力认知评价进而采取工作努力的积极应对方式，最终能够推动个体职业能力发展。由此，本研究生动地刻画了从适应不良的个体心理状态到职业能力发展的推进过程，对于现有员工职业能力发展形成过程研究具有一定的丰富和发展的意义和价值。

1.3.2 现实意义

（1）引导组织正确认知和密切关注职场盛名综合症

组织实践当中经常出现针对优秀人才的正向激励措施失灵的情况（于李胜等，2021；马君和闫嘉妮，2020；马君等，2022；马君和马兰明，2023），职场盛名综合症被认为是对组织面临的这种"人才诅咒"困境的重要解释机制（马君和闫嘉妮，2020；于李胜等，2021；马君和马兰明，2023）。盛名综合症，作为主观上认为他人高估自己能力的一种认知失调状态（Tewfik，2022），它在职场中具有普遍性（Tewfik，2022；Bravata 等，2019；Kark 等，2022），在获得高成就的职业人群里尤为盛行（Kark 等，2022；Clance 和 Imes，1978；Clance，1985）。本研究聚焦职场盛名综合症这一在组织实践中具有普遍性且重要性的认知状态，阐明职场盛名综合症的概念和内涵，通过维度结构解释职场盛名综合症在何种情境下产生，通过预测效度检验和对员工职业能力发展的作用机制检验提出职场盛名综合症可能带来的影响后果，进一步提高组织对于职场盛名综合症的重视程度和认知程度。

（2）为组织对职场盛名综合症进行测评提供工具参考

Clance（1985）开发的测量量表虽然在以往学术研究中得到最为广泛的应用（Mak 等，2019；马君和闫嘉妮，2020），但是由于其基于高成就女性的特定样本（Clance 和 Imes，1978；Clance，1985），且量表是出于临床心理学的治疗目的将盛名综合症视作类特质的病理现象而开发（Kark 等，2022），在具体组织情境中对员工进行测评或将存在局限性。本研究基于认知属性和职场情境对职场盛名综合症进行了量表开发，从评价盛名难副、成就盛名难副、工作盛名难副三个维度进行测量，相较以往量表，具有时代性、普适性、结构合理性特点，在组织实践应用方面的针对性较强。测量量表便于组织在管理人才的过程中，特别是在组织实施正向激励措施之后对个体进行动态测评，可以检验组织激励措施的有效性，并为组织动态调整人才管理策略提供理论依据。

（3）启发组织引导职场盛名综合症促进员工发展

现有研究大多聚焦于职场盛名综合症的消极效应（Tewfik，2022），如降低工作满意度、抑制组织公民行为、激化工作家庭冲突等（Hutchins 等，2018；Vergauwe 等，2015）。只有有限的研究指出职场盛名综合症可能存在积极影响，如对持续承诺、职业努力和人际效能感知的正面效应（Vergauwe 等，2015；Neureiter 和 Traut-Mattausch，2016；Tewfik，2022），然而这几项研究对职场盛名综合症积极效应的中介作用机制，以及组织可以操控的权变因素研究不足。本研究引入压力认知评价理论视角，强调职场盛名综合症在组织情境中产生影响的动态性和权变性，揭示职场盛名综合症在何种组织可操控的条件下如何具体地对员工职业能力发展产生影响，为组织制定利用职场盛名综合症促进员工成长与发展的积极措施提供建议和参考。

（4）指导组织防范职场盛名综合症抑制员工发展

实践领域中组织的正向激励措施时而有效，时而难以奏效（马君和闫嘉妮，2020）。受到组织重视的人才在组织中所获得的认可、机会和期望，反而有可能成为他们的"诅咒"，对他们的职业成长、敬业度和工作表现产生消极影响，甚至导致离职（Petriglieri J. 和 Petriglieri G.，2017）。尽管以往有限研究对职场盛名综合症的消极作用机制进行了讨论，但是对于其中介机制和边界条件的揭示十分不足，特别是对组织情境因素在这种作用机制中起到何种作用探讨极少。本研究基于压力认知评价理论框架，探讨职场盛名综合症在何种情况下如何引发阻碍员工成长与发展的消极结果，揭示具体的作用机制以及组织可以操控的权变因素，为组织防范职场盛名综合症导致消极结果提供理论参考，为组织制定趋利避害的具体政策措施提供理论和实证基础。

1.4 研究方法与技术路线

1.4.1 研究方法

(1) 文献研究法

文献研究法重点在于与现有研究建立对话（conversation）和对比（comparison），是从文献中提炼研究洞见的过程（Colquitt 和 George，2011）。也就是说，文献研究法是基于具体研究目标对已有文献进行梳理、概括和讨论，就某方面主题进行对话，继而提出新的观点。本研究从研究目的出发，应用文献研究法，对职场盛名综合症、压力认知评价理论、工作努力、知识隐藏、职业能力发展、感知动机氛围进行文献归纳和分析，建立对话和对比，为开发职场盛名综合症测量量表、职场盛名综合症对职业能力发展双刃剑概念模型的构建和研究假设的提出奠定坚实基础。

(2) 半结构化访谈法

在量表开发的程序中，一种较为成熟的做法是基于对受访者样本进行访谈来生成初始题项（Hinkin，1998）。访谈的方法可以分为结构化、半结构化和非结构化三种，其中半结构化访谈是目前常用的访谈形式，可以根据需要临时增加一些不在访谈提纲内的问题（李彬，2023）。本研究使用半结构化访谈法，根据研究目的选取访谈样本，基于访谈提纲及动态增加问题收集一手定性资料，并通过编码的方式形成职场盛名综合症的原始题项。

(3) 问卷调查法

问卷调查法是调研者采用设问的方式并通过一系列过程和手段向被调查者了解情况的一种调查方法。具体在管理研究中，问卷调查法一般是采取问卷调查的方式获取定量数据，以便通过定量分析来获取结论（罗文豪，2023）。该方法对被调查者干扰较小，因此比较容易得到被调查者的支持与理解，具有较强的可操作性（梁建和谢家琳，2018）。本研究在职场盛名综合症量表开发与检验、职场盛名综合症与员工职业能力发展双刃剑效应检验的研究过程中，使用问卷调查法收集一手定量数据，为定量分析得出研究结论提供数据来源。

（4）定量分析法

本研究在职场盛名综合症量表开发与检验、职场盛名综合症与员工职业能力发展双刃剑效应检验中采用了定量分析法，具体包括信度和效度分析、探索性因子分析、验证性因子分析、描述性统计分析、共同方法偏差检验、相关分析、层级回归分析、Bootstrap 法等分析方法。本研究应用的统计定量分析软件主要包括 Mplus 8.3 和 SPSS 26。

1.4.2 技术路线

本研究基于"提出问题—分析问题—解决问题"的科学研究逻辑，首先对现实背景和理论背景进行剖析，在此基础上提出两个研究问题。问题一是关于 What，即职场盛名综合症是什么，包括职场盛名综合症的概念内涵是什么，以及职场盛名综合症的测量工具是什么；问题二是关于 How 和 When，即职场盛名综合症如何并在何条件下对员工发展产生影响，包括职场盛名综合症对员工职业能力发展的作用机制是什么和边界条件是什么。为了回答以上研究问题，本研究在文献分析的基础上，进行两个研究：一是职场盛名综合症的量表开发与检验，研究过程包括生成初始题项、初始题项提炼、探索性因子分析、验证性因子分析、结构效度检验、预测效度检验；二是职场盛名综合症对职业能力发展的双刃剑效应，研究过程包括引入理论框架、研究变量文献分析、构建概念模型、提出研究假设、研究设计、数据分析与结果。最后，基于对研究问题的深入分析，本研究试图总结解决问题的思路和方法，即归纳研究结论，提出理论贡献与管理启示，阐述研究局限与未来展望。本研究的技术路线如图 1.1 所示。

1 绪论

```
提出问题 → 现实背景                    理论背景
           现象的普遍性和重要性          研究前沿热点
           组织人才管理困惑              现有研究不足
              ↓
           研究问题
           研究问题1（What）：职场盛名综合症是什么
           研究问题2（How&When）：职场盛名综合症
           如何以及在何种条件下影响员工发展

分析问题 → 职场盛名综合症文献分析              ← 研究方法
           概念与测量、理论视角、影响因素、影响结果、     文献研究法
           整合研究框架、述评

           研究一：职场盛名综合症的量表开发与检验    ← 研究方法
           1.生成初始题项；2.初始题项提炼；3.探索性因子分析；   文献研究法
           4.验证性因子分析；5.结构效度检验；6.预测效度检验    半结构化访谈法
                                                           问卷调查法
                                                           定量分析法

           研究二：职场盛名综合症对职业能力发展的双刃剑效应  ← 研究方法
           1.理论框架；2.研究变量文献分析；3.构建概念模型；4.提出    文献研究法
           研究假设；5.研究设计；6.数据分析与结果（信度分析、验证    问卷调查法
           性因子分析、描述性统计分析、同源方法偏差检验、相关分析、   定量分析法
           层级回归分析、Bootstrap法）

解决问题 → 研究结论与发展
           研究结论、理论贡献、管理启示、研究局限、未来展望
```

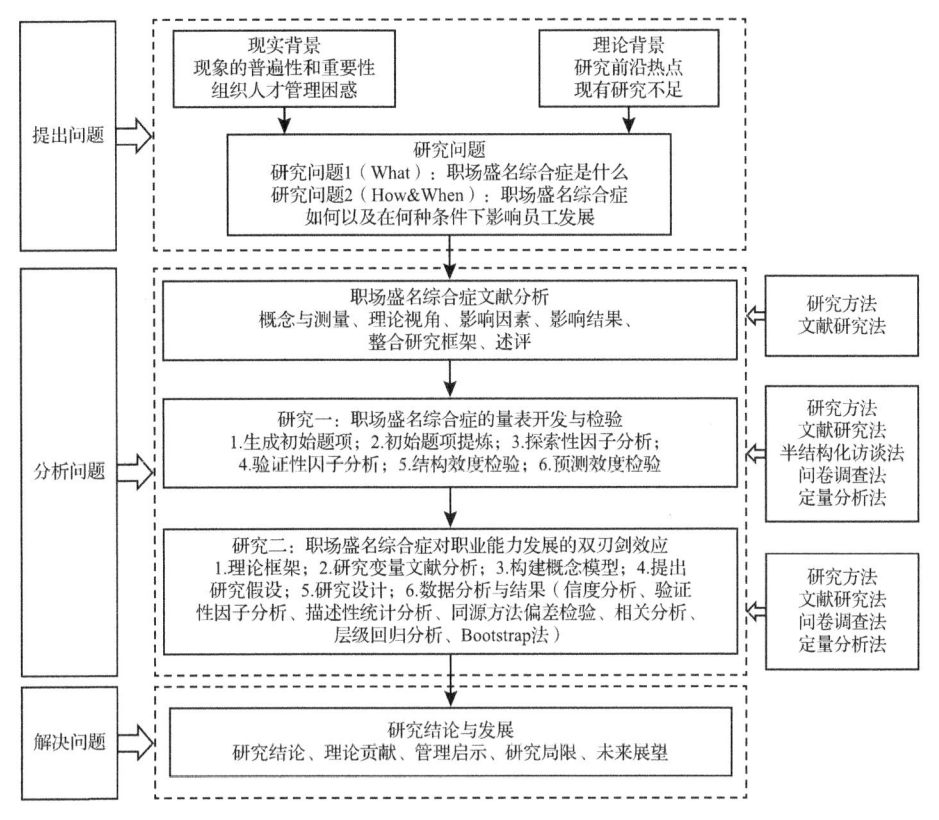

图 1.1　研究技术路线

1.5　创新之处

1.5.1　构建职场盛名综合症的概念内涵及测量工具

近年来，职场盛名综合症这一研究主题受到国内外主流权威期刊的关注和推崇（如：马君和闫嘉妮，2020；马君和马兰明，2023；Tewfik，2022；Kark 等，2022）。同时指出，与学术界关注度不断提升的趋势不相符的是，职场盛名综合症的学术研究还处于起步阶段，有待进一步深入探讨（Tewfik，2022；Kark 等，2022）。那么，认为阻碍职场盛名综合症研究进展的一个重要因素就是其概念内涵及测量工具研究存在不足（French 等，2008；Sakulku 和 Alexander，2011；Tewfik，2022；Kark 等，2022）。

尽管当前职场盛名综合症的研究趋势是将职场盛名综合症视为一种职

17

场普遍存在的个体认知特征（Neureiter 和 Traut-Mattausch，2016；Tewfik，2022；Kark 等，2022），这一认知特征会被职场情境因素触发（McDowell 等，2015；Schubert 和 Bowker，2019；Tewfik，2022；Kark 等，2022）。然而，职场盛名综合症相关的大多数研究还是受到 Clance 和 Imes（1978）对 150 位职业女性临床观察得出概念界定的制约，该研究将盛名综合症视为一种女性特有的类特质的病理现象，受早期成长经历影响并需要干预治疗（Kark 等，2022），这一基于临床心理学的概念界定与当前研究趋势有较大偏差。与此同时，Clance（1985）在其 1978 年研究的基础上开发的测量量表目前在相关实证研究中也得到最为广泛的应用（Mak 等，2019；马君和闫嘉妮，2020），可能存在活力不足的风险（Kark 等，2022），特定的高成就女性样本选取可能也为该量表的普遍应用带来阻碍。

当然，不可忽视的最新研究进展是，部分学者对盛名综合症的经典概念进行了再概念化和相应测量工具开发。职场盛名思维的概念和相应量表被提出，职场盛名思维的定义为"认为他人高估了自己的能力"，相应测量量表为单一维度（Tewfik，2019；Tewfik，2022）。Kark（2022）认为领导角色为盛名综合症的产生提供"肥沃的土壤"，提出领导者盛名综合症的概念，并通过理论推演，将其定义为个体认为自己不能满足正式的领导者角色的要求与期望因而产生自己出任领导者对他人是一种欺骗并害怕被拆穿的想法。然而，以往研究一般都将职场盛名综合症视作一个多维构念（Clance 和 Imes，1978；Harvey，1981；Clance，1985；Harvey 和 Katz，1985；Leary 等，2000；马君和闫嘉妮，2020；Kark 等，2022），那么 Tewfik（2022）的研究结论与经典研究以及近期其他研究的结论存在一定的分歧。

本研究基于相关文献进行理论推演，结合当前研究趋势，聚焦概念的认知属性及职场情境，在中文语境中对职场盛名综合症的概念进行界定，定义明确了职场盛名综合症的本质是一系列典型认知表现，对以往概念内涵（Tewfik，2022；Kark 等，2022；Clance 和 Imes，1978；Clance，1985；Harvey，1981；Harvey 和 Katz，1985；Leary 等，2000）起到一定的归纳和提炼作用。在此基础上，进一步明晰了概念的核心特征包括：评价盛名难副（认为他人高估自己的能力）、成就盛名难副（无法将成功内化）、工作盛名难副（无法达到工作要求或期望）；该内涵结构在实证检验中也得到了印证。由此，本研究丰富和发展了职场盛名综合症概念、内涵和结构，实现了一定程度上的理论创新。

本研究按照规范量表开发流程，开发包括评价盛名难副、成就盛名难副、工作盛名难副三个维度结构的测量量表，该量表相较以往量表具有时代性、普适性、结构合理性等优势，具体如下所述。一是与 Clance（1985）量表比较，所基于的概念内涵更加符合当前研究趋势，聚焦于概念的认知属性和职场情境（Tewfik，2022；Kark 等，2022；Neureiter 和 Traut-Mattausch，2016；McDowell 等，2015；Schubert 和 Bowker，2019）；调查样本更具有普遍性（Clance 和 Imes，1978；Clance，1985）。二是与 Tewfik（2022）单一维度量表比较，多维度结构更加契合经典研究以及现有大多数研究对于概念的阐释（Kark 等，2022；Clance 和 Imes，1978；Clance，1985；Harvey，1981；Harvey 和 Katz，1985；Leary 等，2000；Bechtoldt，2015）。该量表信效度良好，具有较好的预测效用。由此，开发并检验了职场盛名综合症测量工具，在一定程度上促进了职场盛名综合症理论的发展。

1.5.2 丰富职场盛名综合症研究的理论视角与范式

压力认知评价理论由 Lazarus 和 Folkman（1984）整合此前相关研究提出。该理论提供了一个"压力源—压力认知评价—压力应对—结果"的整合理论框架，在压力研究领域得到广泛应用（姜福斌和王震，2022）。在压力认知评价理论中，压力源本质上就是压力性的人与环境关系，认知评价和应对这两个过程就是连接压力源及其造成结果的重要中介（Folkman 等，1986）。具体而言，压力源被评价为威胁性压力源，代表个体聚焦于该压力性情境伴随的潜在损害或困难，进而带来消极应对方式；而压力源被评价为挑战性压力源，则代表个体聚焦于该压力性情境带来的潜在机会和成长，带来积极应对方式（Mitchell 等，2019）。

在现有文献中，尚未出现从压力认知评价理论视角探讨职场盛名综合症影响作用的研究。然而，职场盛名综合症是员工认为自己职业能力的"外部证据"高于"内部认知"（Clance 和 Imes，1978；Clance，1985；Clance 和 O'Toole，1987），探其本质也就是一种人和环境之间失衡状态在个体认知上的反映。因此，本研究认为职场盛名综合症可以被视为一种压力源的表征，而个体面对这一压力源即自己的职业能力被外部高估时，不同的认知评价将诱发不同的应对方式，进而导致不同的压力结果。具体来说，职场盛名综合症被评价为挑战性压力源，会引发个体努力工作的应对方式，进而促进员工职业能力发展；职场盛名综合症被评价为威胁性压力源，会刺激个体知识隐藏的应对方式，进而阻碍员工职业能力发展。

由此，本研究将职场盛名综合症对员工职业能力的双刃剑影响机制利用压力认知评价理论框架进行解释，丰富和拓展了职场盛名综合症研究的理论视角和范式，同时是对压力认知评价理论应用研究的补充和发展，在理论应用方面具有一定的创新之处。

1.5.3 揭示职场盛名综合症对员工职业能力发展的双刃剑影响机制及边界条件

绝大部分研究聚焦于职场盛名综合症可能引发的阴暗面效应（Tewfik，2022），如降低工作满意度、抑制组织公民行为、激化工作家庭冲突等（Hutchins 等，2018；Vergauwe 等，2015）。只有有限的研究对职场盛名综合症潜在积极效应进行了探索：Vergauwe 等（2015）指出盛名综合症可能促进员工对组织的持续承诺，Neureiter 和 Traut-Mattausch（2016）实证检验了盛名综合症与职业努力的正向关系，Tewfik（2022）认为职场盛名综合症能够带来更高的人际效能感知。极少数研究关注到了职场盛名综合症可能存在的双刃剑效应，仅有 Tewfik（2019）提出并检验了职场盛名综合症对工作掌握的双刃剑效应，不过该研究并未探究该双刃剑影响路径在情境层面的边界条件，可能不利于实践领域进行政策操控。

本研究基于以往研究基础以及现实观察，从压力认知评价理论视角出发，认为职场盛名综合症对员工职业能力发展存在双刃剑影响，并进一步揭示了具体的影响机制：个体对职场盛名综合症所表征的"职业能力被外部高估"的压力源会进行不同的认知评价，个体做出的挑战性评价将导致积极的聚焦问题的应对方式即工作努力，最终促进职业能力发展；而个体做出的威胁性评价将导致消极的聚焦情绪的应对方式即知识隐藏，最终阻碍职业能力发展。此外，本研究还认为感知动机氛围将调节个体对职场盛名综合症的压力认知评价过程，导致不同的应对方式，进而带来不同的压力结果。由此，本研究提出具有一定创新性的理论观点,并用实证研究检验,对职场盛名综合症相关研究进行了补充和发展。

1.6 本章小结

本章内容从研究的现实背景和理论背景出发提出研究问题,阐述本研究的目标和内容,归纳本研究的理论意义和现实意义,进而明确研究方法、技术路线,最后总结研究的创新之处,包括构建职场盛名综合症的概念内涵及测量工具、丰富职场盛名综合症研究的理论视角与范式、揭示职场盛名综合症对员工职业能力发展的双刃剑影响机制及边界条件。

2 文献综述

2.1 职场盛名综合症的概念与测量

2.1.1 职场盛名综合症概念的发展

从1978年一项临床心理学研究首次提出盛名综合症概念,至今职场盛名综合症的概念发展历程已逾四十年,对概念内涵的界定和阐述主要经历了从"类病理"的特质论(Clance 和 Imes,1978;Clance,1985)到近年来的研究趋势是,将职场盛名综合症视为一种普遍存在的个体认知特征(Neureiter 和 Traut-Mattausch,2016;Tewfik,2022;Kark 等,2022),这一认知特征会被职场情境因素触发(McDowell 等,2015;Schubert 和 Bowker,2019;Tewfik,2022;Kark 等,2022)。基于文献回顾,职场盛名综合症概念发展过程中具有代表性的概念化及其内涵的具体归纳如下。

盛名综合症(impostor syndrome),也称"盛名难副现象"(impostor phenomenon),由 Clance 和 Imes 在1978年首次提出,最初用来界定在特定的高成就女性样本中尤其盛行且被强烈感受到的一种认为自己在才智上对外界存在"欺骗性"的内在经历。从概念名称中的"综合症"(syndrome)或"现象"(phenomenon)可以看出,盛名综合症最初被视为一种类特质的病理现象(Kark 等,2022),研究者认为它受早期成长经历影响且需要干预治疗

(Clance 和 Imes，1978）。两位临床心理学学者提出这一概念的研究样本为 150 位高成就职业女性，包括在各领域获得博士学位的女性、各领域受到尊敬的女性专家以及学术上表现优异的女性学生。该研究发现某些早期家庭变化和后期社会性别角色刻板印象的内化对样本盛名综合症具有显著影响。这些女性即便取得了杰出的学术或专业成就，存在大量客观证据可证明自己的才智，然而她们仍然持续性地认为其他人高估了自己的能力，将成功归因为自身能力以外的其他因素，感觉自己"名不副实"并且害怕暴露。（Clance 和 Imes，1978；Clance，1985；Clance 和 O'Toole，1987）

随后，Harvey（1981）基本上延续了 Clance 和 Imes（1978）对盛名综合症概念的阐释，认为该概念包括三个组成部分：认为他人高估了自己的能力，将成功归因于自身能力之外的其他因素以及害怕暴露。学者还进一步指出这种将自己视作"骗子"或者"冒牌货"的感知并不局限于女性或高成就群体，人们在面对成就任务的时候均会产生（Harvey，1981；Harvey 和 Katz，1985）。

Kolligian 和 Sternberg（1991）将盛名综合症概念化为骗子感知（perceived fraudulence），这一构念涵盖两个方面的内涵：一是不真实感（inauthenticity），二是自我贬低（self-deprecation）。

Leary 等（2000）提出的冒牌货感知（perceived impostor）概念强调个体不真实的感受。与 Kolligian 和 Sternberg（1991）相似，Leary 等（2000）强调了盛名综合症概念中的印象管理或者自我呈现特征。

盛名综合症概念起初就是基于对职业女性的观察研究而提出的（Clance 和 Imes，1978），职场这一研究情境属题中应有之义。然而在已有研究中，以青少年或大学生作为研究对象的文献居多（Bravata 等，2019）。随着近年来实践领域中组织乃至整个社会对职场个体的心理状态的日益关注，职场个体情感、思维和行为的"阴暗面"也越来越受到学者关注（Vergauwe 等，2015），在此背景下职场情境中的盛名综合症逐渐受到学术界关注。

在近期的研究中，Tewfik（2022）基于"工作"这一研究范畴，提出概念——职场盛名思维（workplace impostor thoughts），具体定义为"认为他人高估自己工作能力的一种思维方式"。首先，职场盛名思维的概念并未包括之前很多学者在阐述盛名综合症时所强调的情感视角，而是明确了其社会认知属性，即职场盛名思维本质上是一种认知差异，即个体对自己工作能力的认知低于他人对自己工作能力看法的认知。其次，Tewfik（2022）认为职场盛名思维可以被普通的职场情境触发，如一次突然需要成功地执行不熟悉职责的晋升。此外，职场盛名思维的概念并非用来给个体做绝对性的判断，而是用来区分个体产生这种想法的频繁程度。

Kark等（2022）认为由于具有"被拔高的期望、高能见度、高责任水平"的特点，领导角色为盛名综合症的产生提供"肥沃的土壤"，进而提出领导者盛名综合症（leader impostorism）的概念，并将其定义为个体认为自己不能满足正式的领导者角色的要求与期望因而产生自己出任领导者对他人是一种欺骗并害怕被拆穿的想法。领导者盛名综合症的概念由两个部分组成，也就是两种相互关联的想法：一是自己的特征、经历、技能和能力无法达到正式领导者角色的要求和期望；二是因此占据这个领导者角色会被认为是"冒牌货"，可能被"发现"。

2.1.2 职场盛名综合症与相近概念辨析

在职场盛名综合症概念发展历程当中，学者对概念界定以及内涵阐释的视角主要包括情感视角和认知视角两种（Tewfik，2022）。Clance和Imes（1978）在提出盛名综合症概念之初主要使用的是认知视角，认为盛名综合症是个体认为自己的才能存在"内""外"差异，即个体认为外部证据所呈现出的自身能力高于自己的内部认知（Clance和Imes，1978；Clance，1985；Clance和O'Toole，1987）。诚然，后续不少研究更加偏重于使用情感视角来界定盛名综合症，比如将其描述为："虚假的感觉""对所获成就的强烈不真实感""害怕被发现或暴露"等（Badawy等，2018；Hutchins等，2018；McDowell等，2015；Vergauwe等，2015）。然而，最新的研究趋势是回归到盛名综合症概念提出最初最为关键的认知视角，将盛名综合症视为一种个体认知特征（Tewfik，2022；Kark等，2022），将害怕暴露等情绪视作盛名综合症的近端结果（Tewfik，2022）。

结合经典研究成果以及最新研究趋势，可以认为职场盛名综合症这一概念聚焦的是个体在对待职场中的典型情境低估自己工作能力的主观认知（他人对自己看法、自己的成功等）。从认知角度出发，职场盛名综合症与以下几个概念有一定的相似性（Tewfik，2022），但是与这些概念之间还是存在显著差异，具体辨析如表2.1所示。

表2.1 职场盛名综合症与相关概念辨析

构念	内涵	辨析
自尊 （self-esteem）	个体对自身作为一个人的全面价值评价（Judge 等，2003）	自尊包括个体对自身的看法（Leary 等，2000），它比盛名综合症涵盖范围更广，它并不用来捕捉个体对于他人高估自己工作能力或者对于成功归因的具体认知
角色自我效能感 （role self-efficacy）	人们对他们自己达到指定绩效组织和执行行动方案的能力的判断（Bandura，1986）	角色自我效能感捕捉的是个体对自己多大程度能够完成角色的认知，因此角色自我效能感仅涵盖盛名综合症的部分概念空间
低自信 （under-confidence）	相对实际绩效而言低估自己的能力（underestimation），或认为自己比其他人差（under-placement），或者对自己判断准确性的过度不确定（under-precision）（Moore 等，2008）	低自信没有涵盖对他人看法的认知，而盛名综合症概念的一个关键特征是认为他人对自己能力的看法高于自己对自己能力的看法

2.1.3 职场盛名综合症的维度与测量

根据对经典研究的归纳，职场盛名综合症概念内涵的阐述包括最核心的三个特征：一是认为他人高估了自己的能力；二是无法内化成功，将成功归为能力之外的其他因素；三是害怕被别人发现自己"名不副实"（Clance 和 Imes，1978；Harvey，1981；Clance，1985；Harvey 和 Katz，1985；Leary 等，2000）。Kark 等（2022）通过理论推演指出领导者盛名综合症（leader impostorism）概念包括两个核心特征：一是个体认为自己不能满足正式领导者角色的要求与期望；二是因而认为自己出任领导者名不副实并害怕被暴露。Tewfik（2022）则认为职场盛名思维概念的核心特征是：认为他人高估自己的工作能力。

现有研究中应用最为广泛的是 Clance（1985）所开发的 20 个题项的测量量表，包括三个维度：冒牌感（feeling like a fake）；低估成就（discounting achievement）；将成功归因为运气（attributing success to luck）（Mak 等，2019）。已有的实证研究对该维度划分的检验结果并未达成一致（Mak 等，2019），只有少部分实证研究验证了这一结构维度（French 等，2008；McElwee 和 Yurak，2010；Brauer 和 Wolf，2016）。

尽管是第一个被开发的盛名综合症测量工具，Harvey（1981）开发的测量量表在现有研究中应用比较有限，量表包括 14 个题项，然而运用该量表的实证研究中，内部一致性检验结果表明，后续实证研究对该量表的结构维度划分并未达成一致结论（Mak 等，2019）。

Tewfik（2019）开发的职场盛名思维量表是首个明确职场这一研究情境的测量工具，该量表为单一维度，共五个题项，只涵盖了经典概念三个核心特征之一——"认为他人高估了自己的能力"。

以上三个量表的具体题项如表 2.2、表 2.3 和表 2.4 所示。

表 2.2　Clance（1985）量表题项

英文题项	中文翻译
I have often succeeded on a test or task even though I was afraid that I would not do well before I undertook the task.	尽管我经常在考试或任务中取得成功，但是在承担任务之前我担心自己不会做得很好
I can give the impression that I'm more competent than I really am.	我给人留下的印象是我比实际的自己更有能力
I avoid evaluations if possible and have a dread of others evaluating me.	我尽量避免别人对我的评价，也害怕别人评价我
When people praise me for something I've accomplished, I'm afraid I won't be able to live up to their expectations of me in the future.	当人们因为我的成就而赞美我时，我害怕在未来会辜负他们对我的期望
I sometimes think I obtained my present position or gained my present success because I happened to be in the right place at the right time or knew the right people.	有时我认为我得到了现在的职位或获得现在的成功是因为我碰巧在正确的时间出现在正确的地点，或者知道正确的人

续表

英文题项	中文翻译
I'm afraid people important to me may find out that I'm not as capable as they think I am.	我怕对我重要的人会发现我的能力不如他们认为的那样
I tend to remember the incidents in which I have not done my best more than those times I have done my best.	我倾向于记住那些我没有尽最大努力做的事情,而不是记住我竭尽全力做的事情
I rarely do a project or task as well as I'd like to do it.	我很少把一个项目或任务做得像我希望得那样好
Sometimes I feel or believe that my success in my life or in my job has been the result of some kind of error.	有时我觉得我在生活或工作上的成功是某种错误的结果
It's hard for me to accept compliments or praise about my intelligence or accomplishments.	我很难接受别人对我才智或成就的赞美
At times, I feel my success has been due to some kind of luck.	有时觉得我的成功归因于某种运气
I'm disappointed at times in my present accomplishments and think I should have accomplished much more.	有时我对目前的成就感到失望,并认为我本应该取得更多的成就
Sometimes I'm afraid others will discover how much knowledge or ability I really lack.	有时我害怕别人会发现实际上我在知识或能力方面的不足
I'm often afraid that I may fail at a new assignment or undertaking even though I generally do well at what I attempt.	我经常害怕我可能在一个新的任务上失败,尽管我通常都能做得很好
When I've succeeded at something and received recognition for my accomplishments, I have doubts that I can keep repeating that success.	当我在某件事上取得成功并因为成就得到认可时,我怀疑自己能否继续取得这样的成功
If I receive a great deal of praise and recognition for something I've accomplished, I will tend to discount the importance of what I have done.	如果我因为某件事得到了很多赞扬和认可时,我往往会低估我所做事情的重要性

27

英文题项	中文翻译
I often compare my ability to those around me and think they may be more intelligent than I am.	我经常拿自己的能力和周围的人比较，觉得他们可能比我聪明
I often worry about not succeeding with a project or on an examination, even though others around me have considerable confidence that I will do well.	我经常担心一个项目或考试不成功，尽管我周围的人都对我能够做好有信心
If I'm going to receive a promotion or gain recognition of some kind, I will hesitate to tell others until it is an accomplished fact.	如果我要升职或获得某种认可，在没有确定的事实之前，我不会轻易告诉别人
I feel bad and discouraged if I'm not "the best" or at least "very special" in situations that involve achievement.	在涉及成就的情境中，如果我不是"最好的"，或者至少不是"非常特别的"，我会感觉很糟糕和沮丧

表2.3 Harvey（1981）量表题项

英文题项	中文翻译
People tend to believe I am more competent than I really am.	人们对于我的能力的认知总是高于我的实际情况
I am certain my present level of achievement results from true ability.	我确信我目前取得的成就源自我真正的能力
Sometimes I am afraid I will be discovered for who I really am.	有时候我害怕被发现真实的一面
I find it easy to accept compliments about my intelligence.	我很容易接受对于我才能的赞美
I feel I deserve whatever honors, praise, or recognition I receive.	我觉得我所获得的荣誉、赞扬和认可都是我应得的
At times, I have felt I am in present position or academic program through some kind of mistake.	我有时会感到我获得现有的职位是误打误撞
I feel confident that I will succeed in the future.	我对于未来会成功感到自信
I tend to feel like a phony.	我总是觉得自己名不副实
My personality or charm often makes a strong impression on people.	我的性格或者魅力经常给人们留下强烈的印象

续表

英文题项	中文翻译
I consider my accomplishments adequate for this stage of my life.	我认为我在我人生的这个阶段获得了足够的成就
In discussion, if I disagree with my professor or boss, I will speak out.	在讨论中,假如我与老板的意见不合,我会说出来
I often achieve success on a project or in a test when I anticipated I would fail.	当我预期我会失败的时候我经常获得成功
I often feel I am concealing secrets about myself from others.	我经常感到我对他人隐藏了秘密
My public and private self are the same person.	我公开的和私下的自我是同一个人

表2.4 Tewfik(2019)量表题项

英文题项	中文翻译
At work, people important to me think I am more capable than I think I am.	在工作中,对于我重要的人认为我比我自己认为的更加有能力
At work, others think I have more knowledge or ability than I think I do.	在工作中,其他人认为我比我自己认为的更加有学识或者有能力
At work, other people see me more positively than my capabilities warrant.	在工作中,其他人看待我比我的能力所能体现出的佐证更加积极
At work, I have received greater recognition from others than I merit.	在工作中,我获得了比我应得的更多的认可
At work, I am not as qualified as others think I am.	在工作中,我没有其他人认为得那么够格

可见,以往研究大多数认同职场盛名综合症是一个多维度构念(Clance 和 Imes,1978;Harvey,1981;Clance,1985;Harvey 和 Katz,1985;Leary 等,2000;Kark 等,2022)。也就是说,职场盛名综合症是主观地认为自己"盛名难副"的"多个"典型认知表现,暗示概念可能包含多维度结构。从以往概念化及量表来看,维度构成主要集中在:"认为他人高估了自己的能力"(Harvey,1981;Clance,1985;Tewfik,2019;Tewfik,2022)、"无法内化成功"(Harvey,1981;Clance,1985)、"认为自己无法满足工作要求"(Kark 等,2022)、"害怕被别人发现自己名不副实"(Harvey,1981;Clance,1985;Kark 等,2022)。

2.2 职场盛名综合症研究的理论视角

通过对以往研究的回顾和总结，职场盛名综合症研究基于不同的研究目的，主要涉及的理论基础包括：归因理论、自我分类理论、印象管理理论、认知失调理论、资源保存理论和自我价值感权变理论。归因理论和自我分类理论是 Clance 和 Imes（1978）首次提出盛名综合症概念时着重强调的理论基础。相关研究运用这些理论视角对职场盛名综合症进行阐释和分析归纳，具体如下所述。

2.2.1 归因理论

归因理论（attribution theory）阐述个体如何对自身及他人的行为结果进行因果解释（Kelley 和 Michela，1980；Weiner，1985）。归因理论的创立者 Heider（1958）对因果结构的分析结果表明某一行为结果的归因可以分两类，一类是个体因素，一类是环境因素。而后，Rotter（1966）的内因和外因的分类成为归因理论研究领域关注的焦点，控制点（内或外）成为首先提出的因果维度。Weiner 等（1971）进一步提出个体对行为结果的归因可以区分为两个维度：控制点和稳定性。他同时指出个体对成就的四种归因：能力（内部、稳定）；任务难度（外部、稳定）；努力程度（内部、不稳定）；运气（外部、不稳定）。第三个被提出的因果维度为可控性，用来反映个体认为行为结果的原因是否能为个人意志所改变（Weiner，1979）。此外，归因理论认为归因的种类将影响个体的情绪和动机。情绪方面，把消极事件归因为外部因素将产生羞耻和内疚情绪，把消极事件归因为稳定因素将带来绝望情绪，而把消极事件归因为外部因素以及他人控制因素时个体将经历愤怒情绪（Weiner，1985）。动机方面，个体对于行为结果的归因种类将影响个体应对该行为的决策（如继续或者停止）（Weiner，1985；Kelley，1973）。

Clance 和 Imes（1978）在首次提出盛名综合症概念的研究中就使用归因理论来解释为何盛名综合症在女性群体中体现得更为显著。该研究认为女性和男性相比对成功的期望更低，因此女性倾向于将成功归为不稳定因素，如努力程度和运气，同时倾向于将失败归为内部的稳定因素，如能力。而这种归因模式将导致女性群体更容易产生盛名综合症,即便取得了客观上的成就仍然认为自己的能力被外界高估。

Hutchins（2015）以归因理论作为理论分析框架,认为由于具有高盛名综合症的个体持续性地将成功归为外因（如运气、同事）并将失败归为内部稳定因素（如能力）,进而将产生情绪耗竭和适应性应对技能的结果。

2.2.2 自我分类理论

自我分类理论（self-categorization theory）在社会身份认同理论（social identity theory）基础上提出,主要考察个体如何识别自己并作为群体成员来进行思考、感觉和行事（Hogg 和 Terry, 2000）。自我分类理论认为人们以某些社会分类的显著特征为基础,将自己和他人归于这些社会分类（获得社会身份）,这一过程使人们产生了某些特定的态度、情感和行为（Turner等, 1987）。自我分类理论聚焦个体进行自我分类的认知过程,并提出"去人格化"的概念,即个体不再将自己表现为独特个体,而是特定相关原型的体现（Hogg 和 Terry, 2000）。个体会根据自己在不同社会群体中的成员身份来对自我进行重新定义,这种自我定义会形成与该分类相关的自我的刻板性（self-stereotype）,显著影响个体表现出的态度和行为（Turner, 1984）。

Clance 和 Imes（1978）对盛名综合症的经典研究着重阐释了盛名综合症的性别差异,该研究指出被调研的高成就女性很显然将社会类别刻板性内化为自我刻板性,倾向于对自己或者其他女性的工作或学习存在较低期望,即便客观事实证明仍然无法内化其成功,认为自己是"冒牌货"蒙骗了他人。

近期的研究如 Kark 等（2022）指出,领导者这一社会群体被赋予了一系列的任务和责任,而且对于这些任务和责任的期望是社会共享的。而社会对领导者的期望往往是表现卓越正式的领导者会根据自己所属的这一社会群体的期望来进行自我定义,形成自我的刻板性,因此,领导者这一角色为盛名综合症的产生提供了"土壤"。

Kark 等（2022）进而提出领导者盛名综合症的概念,并将其定义为个体认为自己不能满足正式的领导者角色的要求与期望,因而产生自己出任领导者名不副实并害怕暴露的感受。

2.2.3 印象管理理论

印象管理（impression management），也被称为"自我呈现"（self-presentation），是个体试图控制他人对其形成印象的过程。他人对个体形成的印象将影响他人对个体的感知和评价，以及如何对待个体，同时也将影响个体对自身的看法。因此，人们有时候会用某种方式行事以创造在他人眼中的某种印象（Leary 和 Kowalski，1990；Leary 和 Downs，1995）。印象管理的过程可以分为两个阶段：印象动机（impression motivation）和印象建构（impression construction）。其中：第一个阶段为印象动机，阐释个体在何种条件下被激发去管理他们的公共印象；第二个阶段为印象建构，描述个体在拥有印象动机后将如何改变行为来影响他人对其的印象（Leary 和 Kowalski，1990）。

Leary 等（2000）指出，人们有动机去"自我感觉良好"的假设是社会心理学、人格心理学和临床心理学中大量理论和研究的基石，而盛名综合症概念经典阐述中的相关行为（如：对成功感到不适；将成功归因于自身能力以外的因素；即便有证据证实但是仍然否定自己的能力）（Clance 和 Imes，1978；Clance，1985；Harvey 和 Katz，1985）似乎与这一假设相违背。由此，Leary 等（2000）基于印象管理理论视角，认为盛名综合症的相关行为可以某种程度上视作自我呈现的人际策略，如声称自己有盛名综合症可以将潜在失败的责任从自己转移到他人的期望上。

Ferrari 和 Thompson（2006）使用了印象管理理论视角，通过实证方法检验了盛名综合症在涉及自我价值威胁的情境下与自我呈现相关。

Leonhardt 等（2017）也同样基于印象管理理论提出"策略性"盛名综合症的可能性。这几项研究事实上对此前盛名综合症概念的经典阐述以及相关量表提出了一定的挑战，对后续研究有开拓思路的作用。

2.2.4 认知失调理论

认知失调理论（cognitive dissonance theory）表明当个体拥有两个或以上不一致的认知时将产生不舒服的"失调"状态，直至他们能够通过改变认知来解决这种"失调"状态（Festinger，1957）。个体可以通过降低认知差异来缓解失调状态，如改变原有认知、增加或减少认知或者改变认知的重要性。其中，认知被 Festinger（1957）广泛地界定为任何心理表现，可以包括态度、信念或者对自身行为的知晓。认知失调理论的核心框架展示了失调产生和缓解的四个步骤：第一步是认知差异产生；第二步是个体的心理不舒适的反应——失调；第三步是个体产生动机去缓解失调；第四步是通过降低认知差异来缓解失调（Hinojosa 等，2017）。此外，当失调是关于个体的自我概念或者个体对于自我的理解时，认知失调理论的解释力最强（Aronson，1997）。

Tewfik（2019）认为职场盛名思维是个体主观认为他人高估了自己的工作能力，可以视作认知失调的一种形式。该学者基于认知失调理论框架，指出职场盛名思维作为两种不一致的关于自我的认知共同存在的状态，将引发负面情绪（害怕被暴露）同时带来调和认知差异的动机（内化动机），进而构建了职场盛名思维影响工作掌握的双刃剑模型，并使用实证方法进行检验。

2.2.5 资源保存理论

资源保存理论（conservation of resources）是建立在"个体或群体会努力去获取、保持、培育和保护其珍视的资源"这一基本原则之上的（Hobfoll 等，2001）。资源保存理论的基本观点包括五个原则和三个推论。

原则一：损失优先（primacy of loss）。资源损失的重要性远高于资源获取。

原则二：资源投资（resource investment）。人们必须进行资源投资来保护资源不受损失，从资源损失中复原以及获取资源。

原则三：获得悖论（gain paradox）。在资源损失的情境之中资源获得的重要性显著提升。

原则四：资源绝境（resource desperation）。当人们的资源紧张或耗尽的时候，他们会进入防御机制来自我保护。

原则五：资源车队和通道（resource caravans and resource caravan passageways）。不管是对个体还是组织而言，资源都并非独立存在，而是如同"车队"一般行进。

推论一：有更多资源的个体和组织更不易受到资源损失的影响并且具有更强的获取资源能力。

推论二：资源损失会如同螺旋循环一样发展，即资源损失会引发进一步损失，而且会更加迅猛且消极影响更强烈。

推论三：资源获得也会呈现螺旋发展，但是相比资源损失螺旋会较为缓慢。（Hobfoll，1989；Hobfoll，2001）

Crawford等（2016）使用资源保存理论解释了个体盛名综合症如何导致工作家庭冲突。高盛名综合症的个体不能内化成功，而这种个人需要带来个人资源的缺失（如低自尊、不能承认自己的成就等），进而导致个体可能经历资源损失。这种资源损失将使高盛名综合症个体产生无法满足工作要求的感受，进而产生情绪耗竭。因此，高盛名综合症个体将拥有更少的可用资源去满足家庭领域的要求，进而导致工作家庭冲突。

Hutchins等（2018）同样应用资源保存理论视角探究盛名综合症对个体的影响机制。由于高盛名综合症个体耗费大量资源（时间、努力和注意力）试图去隐藏他们感知到自己的"不足"（Whitman和Shanine，2012），并且无法像低盛名综合症个体一样用成功事件来补充或加固自己的资源；因此，个体的高盛名综合症将通过回避应对（avoidant coping）引发情绪耗竭（emotional exhaustion），最终显著负向影响工作满意度。

2.2.6 自我价值感权变理论

James（1890）指出自尊既可以是一个稳定的特质也可以是一个不稳定的状态，对自尊的瞬时感受会受好的或坏的事件影响以个人的典型的或特质的水平为中心波动，同时人们对何种事件会影响自尊有选择性。在此基础上，Crocker等（2001）提出权变自我价值感（contingent self-worth）的概念，认为在特定领域发生的好的或者坏的事件能够提高或者降低个体对自尊的瞬时感觉。Crocker等（2004）进一步提出人们在权变自我价值感领域会试图证明自己的成功，换言之，人们在这些特定领域有自我验证目标。对于不确定获得成功和避免失败可能性的领域，人们会认定它们不重要避免面对在这些领域的失败所带来的自尊丧失。例如，Crocker等（2003）的一项研究调查了大学生权变自我价值感领域，包括外貌、他人的赞许、胜过他人、学业、家庭支持、品德和信仰。

自我价值感权变理论的核心原则是个体会将自我价值"下注"到自己选择的特定领域的成功上（如能力、社会赞同）（Crocker 等，2001；James，1890）。学者将盛名综合症描述为个体太过关注他人对自己能力的评价，因而他们自我感知的价值也基于这样的评价（Clance，1985；Clance 和 Imes，1978；Matthews 等，1985）。盛名综合症是指个体认为他人高估自己的工作能力的想法，从自我价值感权变观来看，它主要是将自我价值"下注"到工作能力领域的成功上。盛名综合症是个体关于权变自我价值领域即工作能力领域持有"自己存在不足"的想法，因此盛名综合症将很大程度上威胁到他们的自尊（Tewfik，2022）。Tewfik（2022）进一步指出，个体会在自尊受损之后迅速产生恢复自尊的目标，并实现自我价值投入领域的转换，即从工作能力领域转换到人际领域（Crocker 等，2012）。综上所述，Tewfik（2022）使用自我价值感权变理论作为研究框架，构建了个体职场盛名思维通过他人导向提高人际有效性感知的影响机制并通过实证得以检验。

2.3 职场盛名综合症的影响因素

已有研究探讨的盛名综合症形成因素主要包括个体因素和情境因素两个方面。个体因素方面，相关研究主要聚焦于人口统计学特征、人格特质方面，而对个体认知与情感方面的因素探究较少。情境因素方面，相关研究主要探讨了以家庭因素为主的社会关系对个体盛名综合症的影响，涉及组织管理相关影响因素的文献较少，未来研究空间较大。

2.3.1 个体因素

（1）人口统计学特征

盛名综合症概念提出之初，性别因素就是研究关注的焦点。Clance 和 Imes（1978）认为盛名综合症是高成就女性群体特有的类特质病理现象。首先，两位学者指出女性和男性归因存在显著差异，如：女性倾向于将成功归于不稳定因素（运气或努力），而男性倾向于将成功归于内部稳定因素（能力）；女性倾向于将失败归于内部稳定因素（能力），而男性倾向于将失败归于外部因素（运气或任务难度）。其次，两位学者还提出女性会将社会对性别角色的刻板印象（和男性相比女性更不被认为是有能力的）内化为自我刻板印象。由此，被调研的高成就女性样本认为自己的能力被外界高估，无法将成功内化并害怕被拆穿。

尽管如此，已有研究普遍认为盛名综合症并不局限于高成就女性群体，而是一种跨越性别普遍存在的心理状态（Harvey 和 Katz，1985；Bravata 等，2019）。当然，受到概念提出缘起的影响，大量研究还是将性别差异作为对盛名综合症进行探究的重要问题。对相关文献归纳总结时发现，现有研究对性别因素是显著影响盛名综合症的观点并未达成共识。部分学者发现女性报告的盛名综合症显著高于男性（Cokley 等，2015；Cusack 等，2013；Hutchins 等，2015；Hutchins 等，2018）。Patzak 等（2017）进一步探讨了性别差异影响个体盛名综合症的作用机制，即性别角色导向（gender-role orientation）通过自我同情（self-compassion）的中介作用影响个体盛名综合症。相反，部分学者认为盛名综合症并不存在性别差异（Austin 等，2009；Cowman 等，2002；Kamarzarrin 等，2013；Leary 等，2000）。

现有部分研究对盛名综合症是否受年龄影响进行了探索，然而研究结果存在分歧。部分学者指出年龄增长将导致盛名综合症下降（Chae 等，1995），与之相反部分学者认为年龄对盛名综合症无显著影响（Oriel 等，2004；Want 等，2006）。

还有少部分研究讨论了职业发展阶段对个体盛名综合症的影响。Hutchins 等（2015）的一项以美国高校及科研院所为调研对象的研究结果显示，教研人员在职业发展的初期（未获得终身职位之前）比在职业发展的中后期（获得终身职位之后）所感受到的盛名综合症更高。

（2）人格特质

Clance 和 Imes（1978）认为高成就职业女性的内向性（introversion）会影响盛名综合症，内向性程度越高，导致盛名综合症的程度越高。Vergauwe 等（2015）基于比利时白领员工样本对大五人格与盛名综合症之间的关系进行探究，发现神经质（neuroticism）、责任心（conscientiousness）与个体盛名综合症显著相关，具体表现为：高神经质带来高盛名综合症，低责任心带来高盛名综合症。现有研究还对个体的完美主义（perfectionism）与盛名综合症之间的关系进行探索，发现高完美主义与高盛名综合症显著相关（Ferrari 和 Thompson，2006；Vergauwe 等，2015；Schubert 等，2019）。Brauer 和 Proyer 通过对学生和职业人士的样本调研发现，个体的玩乐性（playfulness）将抑制或影响盛名综合症的产生。

（3）情感认知因素

以往研究探索了个体对自我的认知与盛名综合症的关系。已有研究指出个体的自尊（self-esteem）会显著负向影响盛名综合症（Kamarzarrin 等，2013；Lige 等，2017；Peteet 等，2015；Neureiter 和 Traut-Mattausch，2016）。Schubert 和 Bowker（2019）进一步主张不仅低自尊水平会带来高盛名综合症，自尊水平的不稳定性也将正向影响盛名综合症。Vergauwe 等（2015）对核心自我评价（core self-evaluations，CSE）与个体盛名综合症进行了实证检验，结果表明核心自我评价负向影响个体盛名综合症；而在核心自我评价的四个维度（自尊、自我效能感、情绪稳定性、外部控制点）中，自我效能感（self-efficacy）与盛名综合症之间的关系最为显著。Leonhardt（2017）也发现核心自我评价（CSE）负向影响盛名综合症。Patzak 等（2017）发现高自我同情（self-compassion）的个体能够友善对待自己，承认人都是不完美的，并且会留意自身的缺点，自我同情与盛名综合症显著负相关。马君和闫嘉妮（2020）指出低胜任感知的个体容易否认自己有能力获得成功的事实，引发高盛名综合症。

以往学者还对情感因素对盛名综合症的影响进行了讨论。Cowman 和 Ferrari（2002）认为羞耻倾向（shame-proneness）和内疚倾向（guilt-proneness）可以预测个体盛名综合症，其中羞耻倾向对个体盛名综合症的影响作用大于内疚倾向。Ferrari 和 Thompson（2006）通过研究验证了自我呈现担忧（self-presentational concerns）会导致个体盛名综合症。Neureiter 和 Traut-Mattausch（2016）通过实证研究指出失败恐惧（fear of failure）和成功恐惧（fear of success）正向影响个体盛名综合症。Zanchetta 等（2020）基于对德国 103 名年轻企业职员的干预实验的研究结果表明，负面评价恐惧（fear of negative-evaluation）将显著正向影响盛名综合症。

2.3.2 情境因素

（1）社会关系

盛名综合症概念提出之初，就被认为它的产生与家庭因素（家庭的认可、关于性别角色的信息等）密切相关（Clance和Imes，1978；Clance，1985；Clance和O'Toole，1987；Clance等，1995）。Want和Kleitman（2006）通过对包括医生、律师、企业高管在内的职业人士样本的调查研究，提出父母过度保护、缺乏父母关爱的早年经历将导致个体产生高盛名综合症。也有一些研究探索了歧视与盛名综合症之间的关系（Cokley等，2017；Bernard等，2017）。

（2）组织管理

目前关于组织管理与盛名综合症之间关系的研究较少，但是近年来获得越来越多的关注。McDowell等（2007）通过定性研究提出命题：组织的过度奖励会导致员工产生盛名综合症。McDowell等（2015）通过对美国大学588名教职工样本进行调研，检验了组织支持感与个体盛名综合症之间的关系，指出高组织支持感将降低员工的盛名综合症水平。Zanchetta等（2020）探讨了组织的人力资源管理措施对员工的盛名综合症是否产生影响。该研究对德国103名年轻企业职员进行分组干预实验，发现在教练方式和培训方式之中教练方式对员工盛名综合症产生显著影响。Tewfik（2019）的对美国东北部投资公司员工样本的调研结果表明，不熟悉的角色职责将引发员工的职场盛名思维。Kark等（2022）通过理论推演提出正式领导岗位将引发个体产生盛名综合症。

2.4 职场盛名综合症的影响结果

回顾研究现状发现，盛名综合症的影响结果研究集中于对个体自身的影响，目前尚未有对他人、团队、组织层面影响的研究。其次，除了极少数研究提及积极效应，以往学者主要验证了盛名综合症产生的消极方面影响。此外，现有研究中对盛名综合症影响结果的作用机制和边界条件探讨还不够深入。在现有研究中，探究个体层面结果变量可以归纳为三个方面：个体情绪结果、个体认知结果和个体行为结果。

2.4.1 个体情绪结果

以往研究发现盛名综合症会导致负面情绪的产生。例如：有研究指出盛名综合症与抑郁显著正相关（McGregor 等，2008；Austin 等，2009）；以往不少学者认为盛名综合症较高的个体将产生较高的情绪耗竭（Crawford 等，2016；Villwock 等，2016；Hutchins 等，2015；Hutchins 等，2018）。Crawford 等（2016）同时指出，组织支持感会负向调节两者之间的关系。Tewfik（2019）对美国一家投资公司员工样本进行实证研究，检验了职场盛名思维与负面情绪的关系，结果表明员工的职场盛名思维显著正向影响害怕暴露，而助人行为将负向调节两者关系。Kark 等（2022）通过理论研究方法提出领导者的盛名综合症将引发羞愧和害怕两种情绪，进而引发领导者的情绪耗竭。

2.4.2 个体认知结果

现有学者普遍认为盛名综合症对个体认知方面会产生消极影响。已有研究认为高盛名综合症将带来低工作满意度（Vergauwe 等，2015；Hutchins 等，2018）；Vergauwe 等（2015）对 201 位比利时企业员工样本的实证研究指出职场社会支持将负向调节盛名综合症和工作满意度之间的关系；Hutchins 等（2018）指出盛名综合症通过回避反应、情绪耗竭的链式中介影响工作满意度。McDowell 等（2015）提出盛名综合症与个体的自我效能感显著负相关。Crawford 等（2016）指出盛名综合症将通过情绪耗竭中介显著正向影响工作家庭冲突。Neureiter 和 Traut-Mattausch（2016）基于德国企业员工样本的调研指出盛名综合症显著负向影响员工的领导动机（motivation to lead）。

同时，有学者发现盛名综合症也有可能产生积极方面的认知结果。Vergauwe 等（2015）指出盛名综合症可能促进员工对组织的持续承诺。Tewfik（2019）基于美国企业员工样本调研指出职场盛名思维显著正向影响个体的内化动机（introjected motivation），而个体的成长思维会正向调节两者关系。Tewfik（2022）通过实证研究提出员工的盛名综合症将通过他人焦点导向显著提升他们的人际效能感知。

2.4.3 个体行为结果

以往的学者普遍聚焦于盛名综合症产生的负面行为结果。例如，盛名综合症对个体的自我妨碍行为（self-handicapping behaviors）的显著正向影响在以往研究中得到验证（Cowman 等，2002；Ferrari 等，2006；Want 等，2006；Tewfik，2022）。Vergauwe 等（2015）通过实证研究检验了盛名综合症对组织公民行为的显著负向影响。Neureiter 和 Traut-Mattausch（2016）通过对德国南部一家国际机场的 110 名员工样本的实证研究发现盛名综合症显著负向影响员工的职业规划（career planning）。

当然，在已有研究中盛名综合症会带来一些"中性"的行为结果。Bechtoldt（2015）基于德国不同行业的经理人员样本研究发现领导者的盛名综合症对其任务委派行为产生影响，具体为高盛名综合症的领导者将倾向于将任务委派给高不安全感的员工。Hutchins 等（2015）通过对就职美国大学或科研机构样本的实证研究指出个体的盛名综合症显著正向影响适应性应对技巧。Kark 等（2022）通过理论研究方法提出领导者的盛名综合症会通过负面情绪的中介作用带给领导者更少风险决策。

此外，还有部分学者对盛名综合症对个体行为的积极效应进行探讨和检验。Neureiter 和 Traut-Mattausch（2016）通过实证研究发现盛名综合症显著正向影响职业努力（career striving）。Tewfik（2019）通过实证研究指出职场盛名思维将通过内化动机正向影响工作掌握。Kark 等（2022）通过理论研究方法指出领导者盛名综合症将通过负面情绪的中介作用带给领导者的角色内额外努力。

2.5 职场盛名综合症整合研究框架

职场盛名综合症相关研究虽然已取得一定的成果，但是有待进一步深入与拓展。本研究基于以往研究基础，以职场为研究情境，构建整合性研究框架如图 2.1 所示，该框架涵盖了职场盛名综合症的内涵、形成与影响，整合了现有研究成果，并试图进一步拓展研究内容和边界，以期对未来研究提供

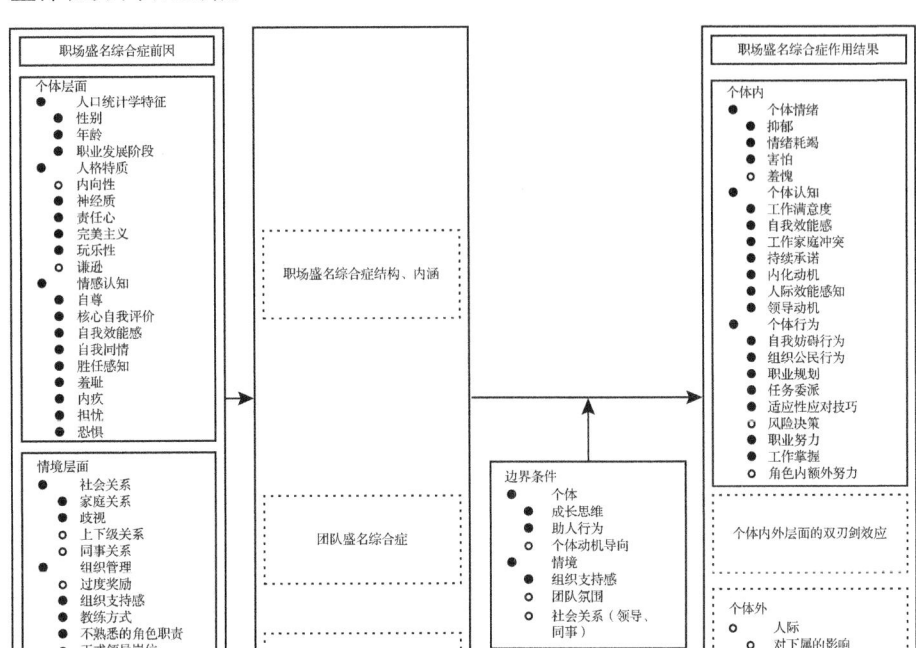

整体性方向和思路。

图 2.1 职场盛名综合症研究框架

注：实线框及实心标注表示已有实证研究，虚线框及空心标注表示未来研究设想。

2.6 职场盛名综合症研究述评

2.6.1 职场盛名综合症的概念内涵

现有大多数研究仍然沿用半个世纪之前两位心理治疗师 Clance 和 Imes（1978）对于特定人群（高成就职业女性）临床观察所得出的概念阐释，该经典研究将盛名综合症视为类特质的病理现象这一研究结论，与近年来将其界定为认知特征的研究趋势不符（Neureiter 和 Traut-Mattausch，2016；Tewfik，2022；Kark 等，2022）。近期也有部分学者明确职场情境提出了对职场盛名综合症的概念化及维度表述（如：职场盛名思维、领导者盛名综合症），然而这些构念阐述之间、与经典构念的核心特征之间，均存在较为显著的差异和分歧（Tewfik，2022；Kark 等，2022）。因此，未来研究可以进一步厘清职场盛名综合症的概念和内涵，明确结构维度。

尽管 Clance（1985）开发的测量量表得到最广泛应用（Mak 等，2019），由于所基于的概念内涵与当前研究趋势不符，可能存在活力不足的风险（Kark 等，2022）。其次，该量表的开发是基于特定的样本——高成就女性群体（Clance 和 Imes，1978；Clance，1985），具有一定的局限性。Tewfik（2022）提出了概念——职场盛名思维并开发了单一维度的测量量表，单一维度结构与学者的普遍共识并不一致（Clance 和 Imes，1978；Harvey，1981；Clance，1985；Harvey 和 Katz，1985；Leary 等，2000；Bechtoldt，2015；Kark 等，2022）。未来研究仍然可以进一步开发职场盛名综合症测量工具，也可以基于中国组织情境和样本来进行测量量表的开发，亦可以根据研究对象的差异开发相应测量工具，如领导者盛名综合症。

2.6.2 职场盛名综合症形成的情境因素

现有研究对职场盛名综合症形成因素的观念，仍然主要受到 Clance 和 Imes（1978）经典研究的影响（Kark 等，2022）。因此，尽管研究趋势是将职场盛名综合症视为一种普遍存在的个体认知特征（Neureiter 和 Traut-Mattausch，2016；Tewfik，2022；Kark 等，2022），但是目前大部分研究还是认为职场盛名综合症类特质的现象，取决于个体的人口统计学特征、个人特质及早期发展经历（如家庭关系）（Kark 等，2022）。

已有部分实证研究检验盛名综合症会被工作场所中的情境因素触发，如组织支持感、教练方式和不熟悉的角色职责（McDowell 等，2015；Zanchetta 等，2020；Tewfik，2019），但是所考虑的情境因素仍然非常有限。未来学者可以继续深入探讨诱发职场盛名综合症的情境因素，如组织使用的正向激励手段，包括奖励、晋升、成为领导等。此外，未来研究还可以考虑文化环境因素对于职场盛名综合症的影响（Slank，2019），如面子文化、谦逊文化等。

2.6.3 职场盛名综合症的双刃剑效应

以往研究大多强调职场盛名综合症的"阴暗面"，甚至从消极的情感视角来看待职场盛名综合症（Tewfik，2022）。因此，目前的研究成果主要集中在职场盛名综合症的消极效应，包括消极面的情绪、认知和行为；只有少数研究指出在组织管理情境中，职场盛名综合症可能存在积极面的影响，如能够带来更高的组织承诺和更高的人际效能感知（Vergauwe 等，2015；Tewfik，2022）。

尽管以往研究已经暗示职场盛名综合症可能同时存在积极效应和消极效应，但是同时考虑双面影响的研究极其有限，有的是对于职场盛名综合症对工作掌握的双刃剑效应（Tewfik，2019）的研究，但是该研究并未揭示双刃剑效应的组织情境的权变因素。未来研究可以进一步深化职场盛名综合症的双刃剑效应影响研究，丰富理论解释框架，如压力认知评价理论、调节定向理论等。此外，还可以从个体所处职场情境出发，讨论盛名难副感知双面影响的边界条件，这样可以回答为什么以及什么时候盛名难副感知会带来正面或者负面的后续工作相关结果。

2.6.4 职场盛名综合症的多层次研究

目前对于职场盛名综合症的研究主要集中于个体内层面研究，对于个体外层面的研究几乎空白。而职场盛名综合症实际上就是个体对自己能力认知与个体对他人对自己能力看法认知的差异（Tewfik，2022），也就是说职场盛名综合症无法脱离"他人"而存在。因此，进一步探索职场盛名综合症在人际间的作用具有理论推动价值。未来研究可以讨论职场盛名综合症对他人的影响，如领导对下属、员工对同事等。领导者作为组织中的重要角色，且也有研究通过理论推导提出其更加容易产生盛名综合症（Kark 等，2022），后续研究也可以重点探讨领导者盛名综合症将如何对团队、组织层面产生影响。

已有文献将盛名综合症视为一种个体的感知特征进而对个体产生影响，换角度而言也可以理解为团队成员彼此共享的团队氛围对组织内的个体产生影响。未来研究也可以考虑将盛名综合症上升为团队层面的变量进行探究，拓展职场盛名综合症的研究层次和范围。

2.6.5 职场盛名综合症的本土化及跨文化研究

职场盛名综合症概念源于西方临床心理学，目前研究主要是基于西方情境展开。国内涉及盛名综合症的文献屈指可数，并且只是将盛名综合症作为组织正向激励作用机制中的边界条件来考虑。尽管如此，已经有极少部分学者提到盛名综合症将受到宏观的文化因素的影响（Slank，2019），同时认为盛名综合症与东方文化情境下的谦逊、面子等特征因素具有微妙的联系（Slank，2019；马君和闫嘉妮，2020）。

因此，在中国情境下进行职场盛名综合症研究具有理论价值同时能够发挥实践解释作用。未来研究可以进行中国情境的本土化研究，也可以进行不同文化背景的比较研究，一方面检验西方情境下的职场盛名综合症研究成果是否适用于中国情境下的组织管理研究，另一方面也可以进一步拓展职场盛名综合症理论的深度和广度。

2.7 其他研究变量文献回顾

2.7.1 职业能力发展

（1）组织内职业成长

关于职业生涯（career），Super（1980）认为它是一个人一生当中所扮演的角色的组合和次序，包括诸如学生、公民、工作者等。与此同时，也有许多学者将职业生涯的概念聚焦于"工作"范畴，例如：Arthur 等（1989）认为职业生涯是一个人的工作经历进展过程；Greenhaus 等（2000）在 *Career Management* 一书中把职业生涯界定为跨越一个人一生的相关工作经历模式。

在职业生涯相关的研究中，职业成长（career growth）在近二十年成为一个重要研究话题（Weng 和 Zhu，2020）。早期的职业成长相关研究通常关注于解释为何一些人比其他人在他们的职业生涯中更加成功（如 Seibert 等，2001；Ng 等，2005）。随着职业的流动性和职业的变化越来越普遍，学者认为有必要将职业成长区分为组织内职业成长和跨组织职业成长，其中组织内职业成长（organizational career growth）是个体在同一组织中的职业成长（Wang 等，2014；Weng 和 McElroy，2012；Weng 等，2010）。Weng 等（2010）认为和职业成功（career success）涉及个体的整个职业生涯发展，包括组织内也包括跨组织；与它相比，组织内职业成长可预测性更强，而且与个体的态度、行为相关性更强。Wang 等（2014）也指出组织内成长和职业发展（career development）相比更加微观且可预测，与个体在组织内的态度和行为有更加紧密的关联性。

（2）职业能力发展内涵与测量

组织内职业成长通常被认为是一个多维度的构念（Weng 和 Zhu，2020；翁清雄和席酉民，2011）。在职业成长概念结构当中，职业能力发展被认为是预测个体职业成长最稳定的指标（Adams，1999；Ellstrom，1997）。而职业能力发展（professional ability development）也是翁清雄和席酉民（2011）开发的组织内职业成长量表当中的重要维度，在该研究中，职业能力发展被界定为目前的工作对个体的职业技能、职业知识、工作经验的促进程度（翁清雄和席酉民，2011）。

对职业能力概念与结构的阐释主要可以分为以下几种视角：无边界职业视角（boundaryless career perspective）、多变职业视角（protean career perspective）、职业自我管理视角（career self-management perspective）、人力资本视角（human capital perspective）、整合视角（integrated perspective）（Akkermans 等，2013）。综合以上五种理论视角，职业能力主要包括三个方面：反思能力（reflective competencies）、沟通能力（communicative competencies）和行为能力（behavioral competencies）。

无边界职业视角认为员工的职业能力必须能够有利于组织持续性地去适应变化的市场及需求（Defilippi 和 Arthur，1994）。由此，Defilippi 和 Arthur（1994）将职业能力分为三个"知道"：第一个维度是知道为什么（knowing why），这个维度包括职业动机、工作身份认同以及给予工作个人意义；第二个维度是知道谁（knowing whom），这一维度包括职业相关社交网络以及个体能运用社交网络的不同方式；第三个维度是知道如何（knowing how），该维度包括职业相关技能和工作相关知识。

多变职业视角与无边界职业视角有一定的交叉性，然而多变职业视角更多地强调职业能力对主观职业成功（如职业幸福感）的价值（Briscoe 和 Hall，2006；Briscoe 等，2006）。Anakwe 等（2000）从多变职业视角阐明了职业能力的三个维度：一是自我知识技能，是关于个体发展和职业自我管理的反思技能，如自我意识、自我评估等；二是人际知识技能，指代知道他人如何能有助于个体职业，如冲突管理、对话技能和有效倾听等；三是环境知识技能，代表对所处环境的全面理解，包括适应环境变化、灵活性等。

职业自我管理视角与多变职业视角相近的方面是它也强调个体对于管理他们的职业有主要责任（King，2004）。职业管理视角聚焦的是职业能力的主动性本质，该视角下职业能力包括两个维度：一个是行为部分，包括职业规划、机会创造等；一个是认知部分，包括职业洞察力等（De Vos 等，2009）。

人力资本视角主要聚焦于个体的终身学习和受雇能力，职业能力在此视角下可以由反思能力（reflective competencies）、主动能力（proactive competencies）和互动能力（interactive competencies）构成（Kuijpers 等，2011）。Kuijpers 等（2006）也从人力资本视角出发，将职业能力区分四种：职业反思（career reflection）、自我呈现（self-presentation）、职业控制（career control）和职业探索（work exploration）。

Akkermans 等（2013）整合了以上四种理论视角，归纳出职业能力，大体可以区分为三大类：反思能力（reflective competencies）、沟通能力（communicative competencies）和行为能力（behavioral competencies）。在整合视角下，职业能力包括以下六种能力：动机反思（reflection on motivation）、质量反思（reflection on qualities）、社交网络（networking）、自我概要（self-profiling）、工作探索（work exploration）和职业控制（career control）。

从以上五种理论视角出发的职业能力结构都可以成为在实证研究中测量个体职业能力发展的结构和框架，例如，Akkermans 等（2013）职业能力量表，包括6个维度，共21个题项，代表题项包括"我知道我在工作中喜欢什么""我知道在我的工作中能够帮助到我的很多人"。

然而，相比较之下，使用翁清雄和席酉民（2011）所开发的职业成长量表中的职业能力发展子维度来进行测量更加直观简捷，该子维度包括四个题项，分别是"目前的工作促使我掌握新的与工作相关的技能""目前的工作促使我不断掌握新的与工作相关的知识""目前的工作促使我积累了更丰富的工作经验""目前的工作促使我的职业能力得到了不断的锻炼和提升"。而且在翁清雄和席酉民（2011）开发的职业成长量表的四个维度（目标进展、职业能力发展、晋升速度和报酬增长）中，职业能力发展子维度在组织无边界、多变的环境中重要性和代表性更加凸显，应该成为相关研究的重点和突破点（陈文晶等，2022）。

本研究重点探讨职场盛名综合症对个体职业能力发展的影响，强调的是职业能力的发展和变化，并不聚焦个体职业能力固定水平。鉴于此，本研究遵循翁清雄和席酉民（2011）对职业能力发展的定义，即目前的工作对个体的职业技能、职业知识、工作经验的促进程度；并采用翁清雄和席酉民（2011）所开发的职业能力发展测量量表，量表为单一维度，包括四个题项。

（3）职业能力发展的影响因素

个体因素方面，根据已有文献，人口统计学特征、人格特质、个体态度会对个体职业能力发展产生显著影响。Sackett等（2017）研究发现个体的人口统计学特征包括性别、种族、年龄、家庭背景、受教育水平，还有个体的KSA（知识、技能、能力）以及人格特质都会对个体的职业能力发展带来显著影响。部分研究指出在职业能力发展上的性别差异，男性比女性在职业能力发展上更具优势（Ismail等，2003；Wang等，2014；Weng等，2010）。而Van Osch和Schaveling（2019）将工作情况（全职/兼职）与性别因素同时考虑之后，发现兼职的男性比兼职或者全职的女性以及全职的男性职业能力发展水平更低。Zhao等（2016）通过实证研究表明主动性人格显著正向影响职业能力发展。Opayemi和Balogun（2011）研究指出大五人格与个体职业能力发展显著相关。已有几项研究检验了核心自我评价与职业能力发展的显著正向相关关系（Da Motta Veiga，2015；Judge和Bono，2001；Judge和Hurst，2007）。Arnold和Clark（2016）通过实证研究发现职业导向与个体职业能力发展显著相关。Verbruggen（2012）则通过实证研究揭示了个体的无边界思维模式显著影响个体职业能力发展。Bonnici和Cassar（2019）认为由于个体的人格特质和自我调节能力与职业适应能力资源相关，因此它们都将对个体职业能力发展产生显著影响；即便在限制员工流动性的情境下，它们仍然能够使得个体在不同的情境下定义自己的角色，促进自身职业能力发展。

情境因素方面，以往研究探讨了管理实践和组织情境对个体职业能力发展的影响。Yang等（2015）研究发现工作支持可以显著促进护士的职业能力发展。Nouri和Parker（2013）指出组织培训项目和组织声望对个体职业能力发展有积极影响。部分研究表明组织提供的培训课程和活动还有职业咨询将正向促进组织内个体的职业能力发展（Bonnici 和 Cassar，2019；Vande Griek 等，2019）。Kwon 和 Cho（2019）更加具体地建议组织利用员工的价值主张作为一个沟通工具来确立员工获得职业成长的具体机会，此外提供职业相关反馈将促进员工的职业能力发展。陈文晶等（2022）通过实证研究发现人工智能潜在替代风险与员工不安全感交互作用将显著影响员工的职业能力发展。

目前职业能力发展相关研究尚未直接涉及职场盛名综合症对职业能力发展的影响，然而最近的研究也开始关注职场压力源对员工职业能力发展的影响，研究结论比如员工不安全感对员工职业能力发展或将产生双面影响（陈文晶等，2022），本研究也将从压力源视角出发，揭示职场盛名综合症对职业能力发展的双路径作用机制。

（4）职业能力发展的影响结果

以往研究表明个体职业能力发展对于一些重要工作结果都可能产生显著影响。例如，数量较多的研究指出个体职业能力发展将显著影响个体的离职倾向（Chen 等，2015；Karavardar，2014；Kim 等，2016；Weng 和 McElroy，2012；Yang 等，2015）。一些研究表明员工的职业能力发展显著正向影响工作满意度（Chen 等，2015；Kim 等，2016）。Weng 等（2010）认为个体职业能力发展显著影响组织承诺。Weng 和 McElroy（2012）研究指出职业能力发展能够促进员工的情感职业承诺。Okurame（2012）通过实证研究检验了员工职业能力发展与组织公民行为的显著相关关系。Wang 等（2014）提出职业能力发展将显著提高员工的建言行为。Kwon 和 Cho（2019）报告了个体的职业能力发展对于非正式学习和工作卷入的积极作用。Spagnoli（2019）验证了员工职业能力发展对工作满意度、工作绩效的显著影响。覃大嘉等（2020）选取中国制造业企业员工样本进行实证研究，发现员工职业能力发展将通过促进工作重塑提升个体创新行为。

2.7.2　工作努力

（1）工作努力的概念与测量

工作努力（work effort）在诸多经典理论中被提及，如动机理论、归因理论、公平理论、目标设定理论及期望理论。尽管如此，在这些理论框架中工作努力的概念并未被阐明（De Cooman 等，2009）。一些学者将努力等同于动机，如部分学者认为动机的概念就是在工作相关的任务中投入的努力水平（Patchen，1970；Bandura 和 Cervone，1986）。当然，更多的学者认同努力和动机之间存在显著差异，并认为动机是工作努力的前因，工作结果是工作努力的结果，也就是工作努力可以视作在动机和工作结果之间起中介作用（Parsons，1968；Brown 和 Peterson，1994；De Cooman 等，2009）。一些学者将动机和努力的差异具体阐述为：动机是个体对于行为选择的心理状态或倾向，而努力是个体在单位时间内投入的精力水平（Naylor 等，1980；Ilgen 和 Klein，1989）。

De Cooman 等（2009）基于工业与组织心理学研究范畴，将工作努力定义为包括个体正式职责要求的以及个体自愿的对组织有益的各种行为。Ilgen 和 Klein（1989）认为工作努力是个体在单位时间内投入的精力数量。Yeo 和 Neal（2004）则将工作努力界定为在工作上花费的资源数量。对于工作努力的界定，本研究遵循目前学者的普遍共识，即把工作努力定义为一种受到动机影响的行为（Bandura 和 Cervone，1986；Deci 和 Ryan，1985；Locke 等，1981），代表个体在工作中投入的精力多少。

关于工作努力的结构与测量，以往学者并未形成共识，主要观点有三种：单一维度、双维度、三维度。三种观点的具体列举如表 2.5 所示。

表 2.5 工作努力结构维度、测量量表、代表性题项

观点	维度	量表	代表性题项
单一维度	工作强度	Mohr 和 Bitner（1995）	该员工耗费了大量的精力
		Kuvaas 和 Dysvik（2009）	我试图尽可能地努力工作
双维度	时间承诺和工作强度	Brown 和 Leigh（1996）	其他人都知道我长时间工作（时间承诺维度） 当我需要完成一项工作时，我会竭尽全力完成它（工作强度维度）

续表

观点	维度	量表	代表性题项
三维度	方向、强度和坚持	De Cooman 等（2009）	我尽全力去达成组织目标（方向维度） 对于我着手的工作任务，我会投入大量的精力（强度维度） 当事情发展得不好的时候我不会立即放弃（坚持维度）

Mohr 和 Bitner（1995）为了探究员工工作努力对顾客满意度的影响而开发的工作努力单一维度包括 4 个题项的测量量表，主要用工作强度（intensity）来考察工作努力程度，代表性题项包括"该员工耗费了大量的精力"。Kuvaas 和 Dysvik（2009）也认为工作努力程度可以用工作强度单一维度来代表，该研究使用的量表，共包括 5 个题项，代表性题项包括"我试图尽可能地努力工作"。

Brown 和 Leigh（1996）认为工作努力包括两个维度：时间承诺和工作强度，该研究构建的工作努力测量量表包括 10 个题项，代表性题项包括："当我需要完成一项工作时，我会竭尽全力去完成它"（工作强度维度）；"其他人都知道我长时间工作"（时间承诺维度）。值得一提的是，后续众多学者在使用 Brown 和 Leigh（1996）所开发的工作努力量表时，都只单独使用工作强度这一维度来进行测量（Byrne 等，2005；Karatepe 等，2006；Piccolo 等，2010；聂琦等，2022），有学者指出可能是由于该量表的整体量表内部一致性过低导致（De Cooman 等，2009）。

另外一些学者认为工作努力包括三个维度：一是方向（direction），代表个体在组织中决定做什么；二是强度（intensity），表明个体对于决定做的事情有多大努力；三是坚持（persistence），表示个体对所选择的行为有多努力去坚持（Kanfer，1990；Locke 和 Latham，1990；De Cooman 等，2009）。De Cooman 等（2009）在此基础上开发了三个维度的工作努力测量量表，包括 10 个题项，代表性题项包括："当事情发展得不好的时候我不会立即放弃"（坚持维度）；"对于我着手的工作任务，我会投入大量的精力"（强度维度）；"我尽全力去达成组织目标"（方向维度）。

本研究对于工作努力的测量将借鉴以往多项研究普遍采用的做法（Mohr 和 Bitner，1995；Kuvaas 和 Dysvik，2009；Byrne 等，2005；Karatepe 等，2006；Piccolo 等，2010；聂琦等，2022），将工作努力用工作强度维度来进行衡量，采用 De Cooman 等（2009）所开发的工作强度量表，包括四个题项。

（2）工作努力与工作投入

工作努力和工作投入（work engagement）是密切相关但是有显著差异的两个概念（Sharafizad 等，2020）。根据以上对工作努力的概念内涵的梳理，工作努力其实可以被认为是个体在工作中付出的时间、强度等个体资源的数量（Yeo 和 Neal，2004）。Sharafizad 等（2020）也基于此前概念阐释将工作努力定义为是个体在规定的和非规定的工作活动中贡献的时间、强度和积极工作行为。

工作投入的概念内涵方面，Kahn（1990）认为工作投入是组织成员将自我绑定到工作上。Schaufeli 等（2002）认为工作投入是一种总体的、持续的、普遍存在的状态，是员工对工作表现出的集中精力、活力、奉献和激情。Sharafizad 等（2020）在综合以往概念的基础上将工作投入界定为：为实现个人和组织目标，个体多大程度上感到与工作的联系、卷入、热情和激情，因而想要去投入情感、认知、体力或行为上的精力到工作相关的角色中去。

工作努力和工作投入较为本质的区别在于：工作投入更加贴近内在动机而不是外在动机，而工作努力的这种偏向性更加不明显。

（3）工作努力的前因

首先是个体因素。根据以往研究结果，个体的人口统计学特征、人格特质、动机、认知和情绪等方面都会对其工作努力产生显著影响。

对于人口统计学特征，已有研究主要聚焦了性别差异对个体的工作努力的影响。例如，Kmec 和 Gorman（2010）基于分别来自英国和美国的官方机构调研样本数据 2467 个和 3552 个，分析发现美国的样本显示个体工作努力并不存在性别差异，而英国的样本则显示在控制了个体特征、家庭和职场特征之后女性的工作努力显著高于男性。该研究认为应该从英美两国的男女劳动力的比例、性别角色的差异程度、职场性别平等的历史控制等方面的差异来解释两国个体工作努力受性别影响的统计结果。Yu 和 Kuo（2023）通过对来自美国纵向调查的 10654 个样本数据研究发现，和男性相比，女性在全职工作时比在兼职工作时付出的工作努力显著增加，带薪产假、职业的性别主导和工作与人发生冲突的需要显著影响女性的工作努力。此外，该研究还指出性别和种族的交互作用将对个体的工作努力产生显著作用。

对于个人特质，Colbert 等（2004）对美国公司职员样本调查研究发现，员工大五人格中的尽责性和情绪稳定性对工作努力产生显著影响，而员工对发展性环境的感知将分别与尽责性、情绪稳定性产生交互作用影响个体的工作努力。

诸多学者认同工作努力是在动机和工作结果之间的中间过程（Parsons，1968；Brown 和 Peterson，1994；De Cooman 等，2009），与此相呼应的是，一些学者深入讨论了具体何种动机将对工作努力产生影响。例如：Bidee 等（2013）基于自我决定理论提出并检验了个体的自主动机对工作努力的显著正向影响；Moate（2017）也得出了相似结论，认为自主动机显著正向影响工作努力，受控动机显著负向影响工作努力。

以往研究表明个体的认知和情绪显著影响工作努力程度。Ahmed（2023）基于巴基斯坦员工样本研究发现，基于组织的自尊显著正向影响个体的工作努力。Piyachat 等（2015）基于对泰国石油行业员工的调查研究指出，个体的工作投入显著正向影响工作努力。Sherk（2019）指出员工的组织承诺显著正向影响工作努力。Cooper 等（2016）基于芬兰大学教职工样本研究表明，个体对职业、组织、工作和上级的承诺高低程度的不同组合将对其工作努力产生显著影响。刘丽丹和王忠军（2021）通过对中国大学教师样本研究指出，个体的职业使命感显著正向影响工作努力。张正堂等（2015）通过情景实验研究指出，员工的一般自我效能显著正向影响工作努力。Skinner 等（2008）指出积极情绪如享受和喜悦可以正向预测工作努力。Sakurai 和 Jex（2012）通过美国大学教职工样本研究指出，个体的消极情绪显著影响工作努力。Zigarmi 等（2015）基于美国差异化行业和公司样本调研发现，员工的积极情绪显著正向影响工作努力，而员工的消极情绪与工作努力之间的关系不显著。

其次是情境因素。个体工作努力情境层面的前因主要包括组织因素、工作因素、领导因素、同事因素四个方面。

组织因素方面，早期的研究如 Brown 和 Leigh（1996）认为心理氛围作为员工感知和理解的组织环境，它的两个维度包括心理安全感和心理意义感均会对员工的工作努力产生显著影响。再如 Piyachat 等（2015）通过对泰国公司的调查研究发现组织的雇主品牌会通过工作投入的中介机制正向影响工作努力。McClean 和 Collins（2011）基于美国专业服务公司调研发现，组织的高承诺人力资源管理实践显著正向影响员工工作努力。袁光华和付磊（2011）通过实验方法进行研究发现，和固定工资相比，激励工资显著正向影响工作努力的时间维度，但是对工作努力的强度维度没有显著影响。

工作因素方面，如 De Cooman 等（2013）基于比利时公司职员样本研究发现，个体的工作特征包括工作压力、工作家庭干预、技能利用以及战略影响四个方面，通过需求满足和自主动机的链式中介作用对个体的工作努力产生显著影响。Hofmans 等（2014）运用经验取样法对比利时公司职员进行调查研究，发现工作任务的特征会通过积极情绪显著影响个体的工作努力。汪光炜（2023）运用实验法和问卷调查法开展研究，发现工作过载会对员工工作努力产生正向影响。

领导因素方面，如 Piccolo 等（2010）道德型领导通过任务重要性显著影响员工的工作努力。Palmer 和 Gignac（2012）研究发现领导的情绪智力显著影响员工的工作努力。Vogel 等（2015）通过一项跨文化研究发现，辱虐管理通过人际公平感知显著影响工作努力，英国文化比亚洲儒教文化更加强化这一影响。赵玉田等（2022）通过中国企业领导—员工配对数据研究发现，自我牺牲型领导与员工印象管理归因的交互作用对员工工作努力产生双刃剑影响，即员工将自我牺牲型领导进行印象管理归因程度较高时，会对工作努力产生负向影响，而员工将自我牺牲型领导进行印象管理归因程度较低时，会对工作努力产生正向影响。聂琦等（2022）指出对于绩效趋近目标导向的员工来说，领导的高绩效期望显著正向影响工作努力。卢海陵等（2021）基于实验法和问卷调查方法开展研究，指出员工感知能力不被领导信任与感知领导能力的交互作用将对员工的工作努力产生双刃剑影响，也就是当员工感知领导能力较强时，感知能力不被领导信任将减少工作努力，反之感知能力不被领导信任将增加工作努力。

同事因素方面研究较少，如 Sakurai 和 Jex（2012）基于美国大学教职工样本的调查研究结果表明，同事的不文明行为显著负向影响员工工作努力。Morris（2009）基于澳洲企业员工样本调查研究发现，员工感知到的同事支持显著正向影响工作努力。

基于现有工作努力前因研究，个体自主动机显著影响工作努力（Bidee等，2013；Moate，2017）。而近期的研究表明职场盛名综合症将激发个体的内化动机（Tewfik，2019），那么本研究将进一步检验职场盛名综合症对个体工作努力的影响作用。以往研究也提出心理氛围对员工工作努力的影响（Brown和Leigh，1996），本研究也将引入感知动机氛围作为调节变量，探究其对职场盛名综合症对工作努力影响作用的权变效应。

（4）工作努力的结果

现有研究大部分认为工作努力对个体的工作态度、行为、情感产生积极影响。其中，工作努力和工作绩效的关系一直是学者关注的焦点。早期的研究认为工作努力包含在工作绩效中，如Hackman和Oldham（1976）使用工作努力、工作质量和工作数量三个维度来测量工作绩效，其他部分学者也持相似观点，认为工作努力属于工作绩效（如：Palmer等，1993；Brewer，1995）。这些早期观点表明了工作努力和工作绩效的紧密联系，当然，目前大部分工作努力相关研究将工作绩效视为工作努力的影响结果。Markus等（2006）通过实证研究检验了工作努力对工作绩效的正向促进作用。聂琦等（2022）构建了一个基于趋近—回避理论框架的领导高绩效期望的双刃剑效应模型，并实证检验了工作努力与员工任务绩效显著正向关系。卢海陵等（2021）的实证研究检验了工作努力与工作绩效的显著正相关关系。还有，以往研究也检验了工作努力对工作满意度的显著正向影响（Brown和Peterson，1994），对顾客满意度的正向促进作用（Mohr和Bitner，1995），以及带来积极情绪结果（Fisher和Noble，2004）。

也有少数研究提出了工作努力可能存在潜在的消极影响。杨雨童（2021）指出在感知公平的调节效应下，工作努力可能对组织公民行为和员工沉默产生负面影响。工作狂（workaholism）被认为是一种强迫自己过度工作努力的倾向（Schaufeli等，2009），可以被视作工作努力程度过高的一种表现。由此，工作狂的一些消极影响，包括降低心理健康、阻碍社会关系（Ng等，2007）等，暗示过度的工作努力可能存在的负面影响。

本研究基于现有工作努力研究的结论,即工作努力对员工的工作相关结果产生积极影响(Markus 等,2006;聂琦等,2022;卢海陵等,2021),提出并检验工作努力对员工职业能力发展的积极效应。

2.7.3 知识隐藏

(1)知识隐藏的概念与测量

目前学者普遍认为知识隐藏(knowledge hiding)由 Connelly 等(2012)首次明确提出(Anand 等,2021;赵红丹和刘微微,2020;文宗川等,2022)。Connelly 等(2012)将知识隐藏定义为"个体当他人提出请求时有意地保留或者隐瞒知识的行为"。其中,知识包括组织成员执行工作任务所需的信息、想法、专业技能(Bartol 和 Srivastava,2002;Connelly 等,2012;Peng,2013)。Connelly 等(2012)对知识隐藏概念内涵的阐释强调了知识隐藏并非一定是欺骗性的,例如:当同事想要一份报告的复印件时,员工告知该文件是保密文件而拒绝提供,此时该员工的知识分享并不包含欺骗性;此外,知识隐藏也有可能出于积极目的或者带来积极结果,如保护第三方权利等。由此,知识隐藏并非一种绝对消极的行为(Connelly 等,2012)。

知识隐藏与知识分享(knowledge sharing)是两个独立的概念,而非一个连续体的两极(Connelly 等,2012;Peng,2013;Rhee 和 Choi,2017)。知识隐藏是当他人提出请求时刻意地隐瞒可获取的知识,而低水平的知识分享很大程度上可能是因为缺乏知识无法分享(Connelly 等,2012;Rhee 和 Choi,2017)。知识隐藏和知识分享在触发因素方面有很大区别(Peng,2013),尽管两者在行为表现上可能具有相似性,但是两者的潜在诱发动机和机制有显著区别(Connelly 等,2012)。多项调查研究表明员工可能同时存在知识分享和知识隐藏行为(如:Ford 和 Staples,2008;Peng,2013;Rhee 和 Choi,2017),如员工可能和同事分享一些显性的不重要的知识,却隐藏一些隐性的重要的知识。

尽管后续学者开发了差异性的测量工具,但还是采用了 Connelly 等(2012)对知识隐藏的定义(Peng,2013;Rhee 和 Choi,2017)。鉴于此,本研究使用 Connelly 等(2012)对知识隐藏的概念界定,即个体当他人提出请求时有意地保留或者隐瞒知识的行为。

表2.6 知识隐藏量表的文献来源、结构维度和代表性题项

文献来源	结构维度	代表性题项
Connelly 等（2012）	推脱隐藏（evasive hiding）：四个题项 装傻隐藏（playing dumb）：四个题项 合理隐藏（rationalized hiding）：四个题项	我告知他/她稍后会帮助他，但是能拖则拖（推脱隐藏） 我即使知道也会说不知道（装傻隐藏） 我会告诉他/她我的老板不希望任何人分享这个知识（合理隐藏）
Peng（2013）	单一维度：三个题项	我会试图隐藏创新成果
Rhee 和 Choi（2017）	单一维度：四个题项	我假装我并不知道这个信息

对于知识隐藏的测量，目前使用较多的量表包括Connelly等（2012）的三维度量表、Peng（2013）单一维度量表以及Rhee和Choi（2017）的单一维度量表，具体的文献来源、结构维度和代表性题项如表2.6所示。Connelly等（2012）的量表多维度结构强调区分知识隐藏的类型，得到了多项实证研究的应用（如：Černe等，2014；Serenko和Bontis，2016；程豹等，2023）。另外两个测量量表并没有具体区分知识隐藏的不同种类，题项较少，较为精简便于使用；其中Rhee和Choi（2017）的量表是对Connelly等（2012）的量表和Peng（2013）的量表的整合和提炼，在国内实证研究中使用较多（如：潘伟和张庆普，2016；杨陈和张露，2021；史烽等，2021）。鉴于此，本研究采用Rhee和Choi（2017）的四个条目量表对知识隐藏进行测量。

（2）知识隐藏的前因

根据对已有相关文献的梳理，知识隐藏的影响因素可以区分为个体因素和情境因素两个方面，分别阐述如下。

首先是个体因素，以往研究主要探讨的个体层面的诱发因素包括人格特质、认知和情感三个方面。

现有文献探究了个人特质与知识隐藏之间的关系，如：Pan等（2018）基于心理契约理论框架，通过实证研究检验了黑暗三人格（自恋、马基雅维利主义和神经质）均对员工的知识隐藏产生显著影响。Belschak等（2018）研究也指出个体的马基雅维利主义显著正向影响知识隐藏。Arshad和Ismail

(2018)则通过实证研究发现大五人格中的神经质与知识隐藏显著正相关。杨陈和张露（2021）则通过中国组织员工样本的调查研究指出，个体自恋特质对于知识隐藏的影响会受到关系型人力资源管理实践的调节作用，即：当关系型人力资源管理实践水平较高时，自恋促进个体知识隐藏；当关系型人力资源管理实践水平较低时，自恋抑制个体知识隐藏。

以往对个体认知因素对知识隐藏的影响的研究有：Connelly等（2012）研究发现个体的不信任感知显著正向影响知识隐藏，Jha和Varkkey（2018）也检验了这一关系。Peng（2013）基于中国知识员工样本研究发现个体的"领土权"（territoriality）会诱发知识隐藏；后续几项研究再次验证了这一结论（Huo等，2016；Singh，2019）。Šcerlavaj等（2018）通过实验法和问卷研究方法得出的研究结果是员工感知到的时间压力显著正向影响知识隐藏，而亲社会动机起调节作用。Jha和Varkkey（2018）基于印度知识员工样本调研发现，个体的缺乏认可、对自己的知识缺乏自信都将显著影响知识隐藏。Rhee和Choi（2017）基于韩国的MBA学生样本数据研究指出，回避目标动机和证明目标动机引发个体产生知识隐藏行为。

关于个体的情感因素对知识隐藏的作用研究相对较少，如Fang（2017）通过实证研究检验了个体的消极情绪对知识隐藏的影响，具体包括：自我参照的害怕、他人参照的害怕均对知识隐藏产生显著正向影响，内疚将对知识隐藏产生显著负向影响。

其次是情境因素。已有研究对知识隐藏情境前因的探究主要涉及工作特征层面、人际交互层面、团队与组织层面三种。

工作特征层面，Gagné等（2019）基于中国知识员工样本调研指出，任务互依性对员工的知识隐藏产生正向显著影响。Semerci（2019）通过实证研究表明，任务冲突引发个体产生知识隐藏行为。Jha和Varkkey（2018）通过实证研究指出工作不安全感显著正向影响知识隐藏。陈丽芳等（2022）通过中国知识员工样本发现协同工作设计（任务互依性、社会支持和他人反馈）能够削弱知识隐藏行为。

人际交互层面，以往研究主要探讨了职场中来自同事的消极行为对员工知识隐藏行为的影响。例如：已有几项研究表明消极互惠将刺激员工知识隐藏行为产生（Zhao等，2016；Butt和Ahmad，2019；Anand等，2020）。

职场排斥对员工知识隐藏的诱发作用也被几位学者探讨和验证（Zhao等，2016；Riaz等，2019；Shah和Hashmi，2019）。也有学者检验了职场不文明行为对员工知识隐藏的显著影响（Arshad和Ismail，2018；Aljawarneh和Atan，2018；Irum等，2020）。Yao等（2020）实证检验了职场霸凌行为对个体知识隐藏的正向影响作用。殷航（2021）通过实证研究指出职场幽默攻击可能触发员工知识隐藏行为。

团队与组织层面，已有部分研究探讨了领导风格、领导行为对于员工知识隐藏的影响。有多项实证研究检验了领导的辱虐管理对员工知识隐藏的触发作用（Khalid等，2018；Ghani等，2020；Jahanzeb等，2019；Feng和Wang，2019）。Men等（2020）基于中国高科技组织中的项目及研发团队样本，道德型领导通过心理安全感中介作用显著削弱员工的知识隐藏行为。Ladan等（2017）则实证检验了变革型领导对员工知识隐藏行为的抑制作用。近年来国内学者对领导风格和行为对员工知识隐藏行为影响的探讨较多，如真实型领导（余传鹏等，2023）、差序式领导（于永达和薛莹，2023）、情感型领导（赵莉和黄月月，2022）对员工知识隐藏行为的作用机制。

此外，已有研究表明，团队和组织文化、氛围等因素也将对员工知识隐藏产生显著影响。例如：Shah和Hashmi（2019）实证检验了组织文化对员工知识隐藏的影响作用；Jahanzeb等（2019）指出组织不公平氛围将引发员工产生知识隐藏行为。也有几项研究强调团队或组织动机氛围对员工知识隐藏行为的显著影响（Feng和Wang，2019；Men等，2020；王成军和谢婉赢，2021）。

以往研究并未涉及职场盛名综合症对知识隐藏行为的影响，然而相关研究指出个体对自我和情境的不适应性认知（如：不信任感知、时间压力、缺乏认可、缺乏自信等）会引发知识隐藏行为（Connelly等，2012；Jha和Varkkey，2018；Sˇkerlavaj等，2018）。本研究进一步提出，职场盛名综合症作为一种对个体与情境的不适应关系的认知，将对知识隐藏行为产生显著影响。

（3）知识隐藏的后果

尽管Connelly等（2012）在明确知识隐藏这一概念时便指出它并非一种绝对消极的行为，有可能带来积极的结果，如保密、保护第三方利益等。但是除极少部分研究（如：Burmeister 等，2019；Wang 等，2018）以外，目前绝大多数研究还是主要刻画了知识隐藏行为的消极影响。具体来说，知识影响的作用机制可以区分为对隐藏者的影响、对被隐藏者的影响、对团队的影响三个方面。

首先是知识隐藏对隐藏者的影响。个体创新是探讨的比较多的结果变量，例如：Rhee 和 Choi（2017）研究指出员工知识隐藏对创造力产生消极影响，Malik 等（2019）再次实证检验了这一作用关系，Černe 等（2017）的研究表明员工的知识隐藏负向影响隐藏者的创新工作行为。Jiang（2019）通过中国员工样本调研得出个体知识隐藏将通过心理安全感负向影响工作繁荣。Burmeister 等（2019）研究表明知识隐藏对个体的组织公民行为将带来消极影响，该研究进一步指出知识隐藏对组织公民行为的作用可能存在双刃剑效应，即员工知识隐藏可以通过内疚情绪正向影响组织公民行为，也可以通过羞耻情绪负向影响组织公民行为。Offergelt 等（2019）指出当员工知识隐藏是由领导授意知识隐藏（leader-signaled knowledge hiding）引发时，将降低员工工作满意度，提高员工离职倾向。

其次是知识隐藏对被隐藏者的影响。Connelly 和 Zweig（2015）通过实证研究发现，知识隐藏行为的三个维度对被隐藏者的影响有所不同，推脱隐藏导致被隐藏者未来的知识隐藏倾向，而装傻隐藏、合理隐藏和被隐藏者未来的知识隐藏倾向的关系不显著。此外，该研究还提出，知识隐藏行为的三个维度均给被隐藏者带来受伤关系。Singh 等（2019）基于阿联酋银行保险组织样本数据研究表明，上级知识隐藏将显著负向影响员工任务绩效，诱发员工职场越轨行为。Arain 等（2020）基于中东组织情境研究表明，上级的知识隐藏行为通过对上级不信任显著削弱员工的指向上级组织公民行为（OCB-S）。Wang 等（2018）基于缅甸销售员工样本调研表明感知到同事知识隐藏对被隐藏者的销售业绩产生积极作用，这一作用机制被社会互动调节。

最后是知识隐藏对团队的影响。以往对知识隐藏与团队结果之间的关系研究有：Bogilović 等（2017）从社会交换理论视角出发，通过准实验研究发现，知识隐藏会负向影响团队创造力；Zhang 和 Min（2019）基于中国项目团队样本调查研究表明，知识隐藏对于项目团队绩效产生消极影响，其中团队学习部分中介这一作用关系；程豹等（2023）基于中国小型 IT 企业团队样本调研发现，团队知识隐藏对团队创新效率产生显著负向影响。

现有研究表明，知识隐藏行为不仅对被隐藏者和团队产生显著影响，还对隐藏者自身的重要工作结果产生消极作用，如对创造力、创新工作行为、工作繁荣、组织公民行为、工作满意度的负向影响（Rhee 和 Choi，2017；Malik 等，2019； Černe 等，2017；Jiang，2019；Burmeister 等，2019；Offergelt 等，2019）。本研究在相关研究基础上，提出职场盛名综合症将通过知识隐藏行为负向影响员工的职业能力发展。

2.7.4 感知动机氛围

（1）感知动机氛围的概念与测量

动机氛围（motivational climate）的概念起源于成就目标理论（Nerstad 等，2013）。成就目标理论认为个人因素和环境因素都将对成就行为产生重要影响（Ames，1992），并把动机氛围阐述为两个维度：掌握氛围（mastery climate）和绩效氛围（performance climate）（Ames 和 Archer，1988）。动机氛围的概念发展首先出现在教育领域研究中（Ames，1992；Jagacinski 和 Nicholls，1984），随后被体育领域研究所应用（Seifriz 等，1992）。Nerstad 等（2013）将动机氛围的概念引入工作领域，并指出在工作领域和前述两个领域，动机氛围都是用来阐释个体在环境中如何获取成功和避免失败。

Nerstad 等（2013）将工作领域的动机氛围概念化为感知工作动机氛围，或感知动机氛围（perceived motivational climate），将其定义为：员工对于成功和失败的现有标准的感知，这些标准被工作环境中的政策、实践和程序所强调。这一概念强调的是个体对于工作环境的感知，对于个体层次的研究更为贴切（Nerstad 等，2013；Cumming 等，2007）。由于本研究核心变量为职场盛名综合症，主要探讨的是职场盛名综合症产生的个体内效应，因此本研究采用感知动机氛围这一概念，并遵循 Nerstad 等（2013）对这一概念的阐释。

感知动机氛围包括两个构念维度：一个是掌握氛围，一个是绩效氛围。掌握氛围是指个体感知到努力、分享和合作是被重视的，学习和技能的掌握是被强调的重点（Ames，1992）。在掌握氛围中，当个体现有绩效水平超过以往自己的绩效水平时,他/她就会感知到成就(Ames和Ames,1984)。也就是说,掌握氛围强调的是自我发展和能力建设(Nerstad等,2013)。与之相对应的,绩效氛围代表个体感知到团队强调内团队竞争、社会比较和能力的公众认可(Ames和Archer,1988;Roberts等,2007)。绩效氛围聚焦于获取结果和规范化的能力,只有这两者最高或者最优的个体才被认为是成功的(Ames,1984;Ames & Ames,1984)。绩效氛围也可以被称为"强制性社会比较",处于其中的个体受到口头比较或能力划分的严重影响(Ames和Ames,1984;Levine,1983),个体之间可能出现消极互依关系(Nerstad等,2013)。

已有的感知动机氛围的测量量表主要包括Ames和Archer(1988)量表、Seifriz等(1992)量表、Roberts等(2001)量表以及Nerstad等(2013)量表。其中,Ames和Archer(1988)量表是基于教育领域开发,Seifriz等(1992)量表是基于体育领域开发,而Roberts等(2001)量表则是基于大学科研这一具体情境而开发。Nerstad等(2013)所开发的量表是基于工作领域开发,且目前受到组织与管理相关研究的广泛使用(如:Černe等,2014;Černe等,2017;吴杨梓,2022;宋锟泰等,2022)。鉴于此,本研究采用Nerstad等(2013)所开发的测量量表,该量表包括两个维度,共14个题项。其中,掌握氛围维度包括六个题项,代表性题项有"在我的部门或工作小组,互相合作和交流想法是被鼓励的""我的部门或工作小组重视每个个体的学习和发展"。绩效氛围维度包括八个题项,代表性题项有"在我的部门或工作小组,比其他人获得更好业绩是重要的""在我的部门或工作小组,工作业绩的衡量是建立在和同事比较的基础上的"。

(2)感知动机氛围的影响结果

现有研究对感知动机氛围影响结果的探究主要包括团队层面和个体层面。Nerstad等(2013)在开发感知动机氛围概念时指出,由于个体在他们自己的社会化过程中是积极参与者(Hewstone和Stroebe,2001),不同的员工对相同的成功和失败标准感知可能不同,因此感知动机氛围其实作为个体层面的变量更为适宜(Cumming等,2007)。由此,现有文献中探讨感知动机氛围对个体层面结果变量影响的研究相对较多,如:Nerstad等(2013)通过实证研究表明,掌握氛围显著正向促进个体工作投入,掌握氛围显著负向影响个体离职意向，绩效氛围显著正向影响个体离职意向。Nerstad 等（2020）基于工程师和技术员工样本调研得出以下研究结论：掌握氛围显著正向影响活力，显著负向影响情绪耗竭；绩效氛围显著负向影响活力，显著正向影响情绪耗竭；三个基本心理需求（自主、关系和胜任）在以上关系中起中介作用。Kopperud 等（2020）基于挪威金融行业组织员工样本研究表明，感知动机氛围将通过工作家庭溢出的中介作用显著影响员工离职意向。王成军和谢婉赢（2021）研究表明，掌握氛围与员工知识隐藏之间存在显著负向关系，绩效氛围与员工知识隐藏之间存在显著正向关系。Zhang 等（2022）通过中国员工样本数据调研指出，掌握氛围显著正向影响和谐性工作激情进而显著促进员工主动性工作行为，绩效氛围显著正向影响强迫性工作激情进而显著诱发亲工作不道德行为。

感知动机氛围的团队层面后果方面的已有文献较少，已有做法是将个体感知动机氛围聚合到团队水平形成团队动机氛围，进而探讨团队动机氛围对团队层面结果的影响。例如，刘新梅和陈超（2017）基于中国研发团队对样本研究表明，团队动机氛围对团队活力、团队创造力产生显著影响，具体为：掌握氛围显著促进团队活力，并通过团队活力中介作用显著正向影响团队创造力，绩效氛围显著负向影响团队活力。张露（2022）通过实证方法探讨了团队动机氛围与团队工作重塑之间的关系，研究结果表明掌握氛围显著正向影响团队工作重塑，绩效氛围显著负向影响团队工作重塑。

（3）感知动机氛围的调节作用

在以往的感知动机氛围相关研究中，将掌握氛围和/或绩效氛围作为调节变量的做法较为普遍。例如，Černe 等（2014）采用问卷法和实验方法的研究表明，掌握氛围正向调节知识隐藏与隐藏者创造力之间的关系，绩效氛围负向调节知识隐藏与隐藏者创造力之间的关系。Černe 等（2017）基于斯洛文尼亚公司员工样本调研发现，感知动机氛围对知识隐藏和员工创新工作行为之间关系起调节作用，并且决策自主性、任务互依性将调节以上调节效应。吴杨梓（2022）基于中国科技型公司员工样本调查研究表明，掌握氛围将弱化员工心理安全感与知识隐藏之间的关系，绩效氛围将强化员工心理安全感与知识隐藏之间的关系。宋锟泰等（2022）基于中国高新技术企业团队样本研究发现，绩效氛围负向调节个体发展型工作挑战与个体跨界行为之间的正向关系。朱永跃等（2023）基于中国高新技术企业员工样本研究指出，掌握氛围将强化平台型领导与越轨创新行为之间的正向关系，绩效氛围将弱化平台型领导与越轨创新行为之间的正向关系。

2.8 本章小结

本章主要对职场盛名综合症相关研究进行了系统性的综述，并对其他研究变量进行了文献回顾。首先，回顾和梳理了职场盛名综合症概念与内涵的发展脉络，并将职场盛名综合症与相近概念进行辨析，还分析了已有的概念结构与测量量表；其次，归纳和阐述了现有职场盛名综合症研究的理论视角，包括归因理论、自我分类理论、印象管理理论、认知失调理论、资源保存理论、自我价值感权变理论；再次，总结了以往研究中职场盛名综合症的形成因素及影响结果，并基于此构建出一个整合性研究框架；最后，从概念内涵、情境因素、双刃剑效应、多层次研究及本土化与跨文化研究五个方面对职场盛名综合症研究进行了述评与展望。此外，还对职业能力发展、工作努力、知识隐藏、感知动机氛围进行了文献回顾。

3 职场盛名综合症的量表开发与检验

3.1 引言

  目前职场盛名综合症相关研究基本上还是受制于半个世纪前 Clance 和 Imes（1978）对 150 位职业女性临床观察得出的研究结论。该研究将盛名综合症视为一种女性特有的类特质的病理现象，受早期成长经历影响并需要进行干预治疗（Kark 等，2022）。然而近年来的研究趋势是，将职场盛名综合症视为一种普遍存在的个体认知特征（Neureiter 和 Traut-Mattausch，2016；Tewfik，2022；Kark 等，2022），这一认知特征会被职场情境因素触发（McDowell 等，2015；Schubert 和 Bowker，2019；Tewfik，2022；Kark 等，2022）。因此，Clance（1985）在其 1978 年研究的基础上开发的测量量表虽然在以往学术研究中得到最为广泛的应用（Mak 等，2019；马君和闫嘉妮，2020），但是由于其所基于的概念内涵与当前研究趋势不符，可能存在活力不足的风险（Kark 等，2022）。其次，该量表的开发是基于特定的样本——高成就女性群体（Clance 和 Imes，1978；Clance，1985），具有一定的局限性。此外，一项系统性述评研究指出，在应用该量表的已有实证研究中对量表内部结构的验证结果存在较大分歧（Mak 等，2019）。

  诚然，最新研究对盛名综合症的经典概念进行了再概念化和相应测量工具开发，如职场盛名思维（workplace impostor thoughts）概念及量表被提出（Tewfik，2022）。Tewfik（2022）将职场盛名思维阐释为"认为他人高估了自己的能力"，相应测量量表为单一维度。然而在经典研究和更加近期的研究中，一般都将职场盛名综合症视作一个多维构念（Clance 和 Imes，1978；Harvey，1981；Clance，1985；Harvey 和 Katz，1985；Leary 等，2000；马君和闫嘉妮，2020；Kark 等，2022）。因此，Tewfik（2022）开发的职场盛名思维量表可能并未完整描绘出职场盛名综合症概念内涵的多个面向。

由此，Clance（1985）的经典量表和 Tewfik（2022）的量表存在一定的局限性，职场盛名综合症的概念内涵、测量工具相关研究亟待进一步探索，否则将阻碍该主题研究发展（Sakulku 和 Alexander，2011；Tewfik，2022）。本研究在回顾已有文献基础上，整合并提炼了职场盛名综合症的概念内涵，结合当前研究趋势及实践应用需要，聚焦概念的认知属性及职场情境，在中文语境中将职场盛名综合症界定为个体在职场中主观认为自己盛名难副的典型认知表现，包括评价盛名难副、成就盛名难副、工作盛名难副。进而开发了多维度结构量表，该量表相较 Clance（1985）的经典量表和 Tewfik（2022）的量表，具有时代性、普适性、结构合理性特点，信效度良好，具有较好的预测效用，为后续实证研究提供了有效的测量工具。

3.2　职场盛名综合症的量表开发

本研究借鉴 Hinkin（1998）量表开发规范化程序，职场盛名综合症量表开发过程分为以下五个步骤：一是结合演绎和归纳两种方法生成初始题项；二是对初始题项进行提炼；三是探索性因子分析；四是验证性因子分析；五是结构效度检验。

3.2.1　概念界定及初始题项生成

测量量表初始题项的生成一般可以采用两种方法：演绎法和归纳法（Hunt，1991）。演绎法（deductive）是基于理论基础来生成量表初始题项，需要对所研究现象进行理解以及对相关文献进行全面回顾，并在此基础上形成构念的定义，在定义指引下生成初始题项（Schwab，1980）。使用演绎法来开发初始题项可以一定程度上保证内容效度（Hinkin，1998）。归纳法（inductive）则一般是基于对受访者样本进行访谈来生成初始题项，这种方法对于抽象构念探索性研究较为有利（Hinkin，1998）。由于职场盛名综合症有一定的理论基础，然而这一概念较为抽象，在中国情境和西方情境下的理解可能出现差异。鉴于此，本研究结合演绎法和归纳法，首先对相关文献进行梳理，形成概念界定；其次在概念界定的指导下进行半结构化访谈，最终形成量表初始题项。

（1）概念界定

首先，职场盛名综合症（workplace impostor syndrome）明确了职场这一研究场景，因此构念的定义及题项的表述都应该符合该研究场景。其次，"impostor"在牛津词典中意为冒名顶替者或者冒名行骗者，"impostor syndrome"字面上理解就是主观地认为自己是"冒名顶替者"的"综合症"。国内文献将"impostor syndrome"译为"盛名综合症"（马君和闫嘉妮，2020），"盛名"取自"盛名之下，其实难副"（出自《后汉书·黄琼传》）。结合中文语境来表述，盛名综合症就是主观地认为自己"盛名难副"的"综合症"。

较多学者认为，职场盛名综合症构念中最核心的三个认知表现包括：认为他人高估了自己的能力；无法内化成功，或者将成功归为能力之外的其他因素；害怕被别人发现自己"名不副实"（Clance，1985；Harvey和Katz，1985；Leary等，2000；Bechtoldt，2015）。Tewfik（2022）则提出职场盛名综合症的核心认知表现只有一个：认为他人高估自己的工作能力。Kark等（2022）通过理论推演指出，领导者盛名综合症的核心认知表现有两个：一是认为自己不能满足一个正式领导角色的要求和期望；二是认为自己占据领导角色会被他人认为"名不副实"且有可能暴露。该研究还提到领导者盛名综合症的两个核心认知表现中的后者其实是前者的结果（Kark等，2022）。

可见，职场盛名综合症构念中的核心特征主要集中在："认为他人高估了自己的能力"（Harvey，1981；Clance，1985；Tewfik，2022）、"无法内化成功"（Harvey，1981；Clance，1985）、"认为自己无法满足工作要求"（Kark等，2022）、"害怕被别人发现自己名不副实"（Harvey，1981；Clance，1985；Kark等，2022）。本研究认同Kark等（2022）的观点，"害怕被别人发现自己名不副实"可以被认为是"认为自己盛名难副"的认知所导致的情绪结果，进而将职场盛名综合症的构念内涵聚焦于"主观地认为自己盛名难副"的典型认知表现。

"盛名难副"实质上是一种认知差异（Tewfik，2022），也就是主观上将外界的能力证据（即"盛名"）与自身能力进行比较并得出自身能力不足的判断（即"难副"）。结合以往研究中对盛名综合症的内涵阐释（Clance和Imes，1978；Harvey，1981；Clance，1985；Harvey和Katz，1985；Leary等，2000；Tewfik，2022；Kark等，2022），本研究认为职场中典型的"外界的能力证据"包括：他人的评价、以往的成就、工作要求或期望。

具体来说，职场盛名综合症所涵盖的典型认知表现为三个方面。

一是评价盛名难副，即个体认为他人的评价高于自己对自己的评价，也就是认为被他人高估。这一认知表现也就是，在他人评价带来的盛名之下，认为自己的工作能力其实难副。评价盛名难副反映的是个体将评价与自身工作能力进行比较之后得出工作能力不足的看法，该维度聚焦对人际间互动关系的感知，如评价盛名难副可能来自领导或同事的正向反馈。

二是成就盛名难副，即个体认为以往的成就是自己能力之外的其他因素导致的，也就是不可控因素、外部因素，如认为自己能够取得成就是因为运气，或者自己能够获得奖励就是因为与领导的关系比较好。这一认知表现也就是在以往成就带来的盛名之下，认为自己的工作能力其实难副。成就盛名难副描述的是个体将以往成就与自身能力进行比较之后得出工作能力不足的看法，该维度聚焦对自身成就的认知，主要是对成就的归因，如成就盛名难副可能来源于组织的奖励。

三是工作盛名难副，即个体认为自己的能力无法达到工作要求或期望。这一认知表现也就是工作本身带来的盛名之下，认为自己的工作能力其实难副。工作盛名难副是将工作角色、工作任务的要求或期望与自身工作能力比较之后认为自身工作能力不足，该维度聚焦对工作角色、任务具体情境的认知。例如，工作盛名难副就可能来自晋升到某个工作岗位、获得领导岗位、被委派某个不熟悉的任务等。

因此，本研究聚焦概念的认知属性及职场情境，考虑中文语境，将职场盛名综合症定义为：个体在职场中主观认为自己盛名难副的典型认知表现，包括评价盛名难副、成就盛名难副、工作盛名难副。

在该定义的指导下，本研究借鉴 Clance（1985）20 个题项量表、Harvey（1981）14 个题项量表和 Tewfik（2022）5 个题项量表，先删除与职场情境不相关的题项（例如"尽管在承担任务之前我担心我自己不会做得很好，但是我经常在考试或任务中取得成功"）、"害怕暴露"相关表述的题项（例如"有时候我害怕被发现我真实的一面"），再经由一名教授、两名博士生讨论删除与本研究概念内涵界定范围关联性较弱的题项（例如"在讨论中，假如我与我的老板意见不合，我会说出来"），最终形成初始题项 17 条，具体题项如表 3.1 所示。

表 3.1 演绎法生成初始题项列表

初始题项	来源
D1 有时候我认为我获得现在的职位或成功，是因为我碰巧在正确的时间出现在正确的地点，或者知道正确的人	Clance（1985）
D2 我很少把一个项目或任务做得像我希望的那样好	
D3 有时候我觉得我在生活或工作上的成功是某种错误的结果	
D4 我很难接受别人对我才智或成就的赞美	
D5 有时我觉得我的成功是由于某种运气	
D6 如果我因为某件事得到了很多赞扬和认可，当我取得成就时，我往往低估我所做事情的重要性	
D7 我经常拿自己的能力和周围的人比较，觉得他们可能比我强，比我聪明	
D8 人们对于我能力的认知总是高于我的实际情况	Harvey（1981）
D9 我确信我目前取得的成就源自我真正的能力	
D10 我觉得我所获得的荣誉、赞扬和认可都是我应得的	
D11 我有时感到我获得现有的职位是误打误撞	
D12 我总是觉得自己名不副实	
D13 在工作中，对于我重要的人认为我比我自己认为的更加有能力	Tewfik（2022）
D14 在工作中，其他人认为我比我自己认为的更加有学识或者有能力	
D15 在工作中，其他人看待我比我的能力所能体现出的佐证更加积极	
D16 在工作中，我获得了比我应得的更多的认可	
D17 在工作中，我没有其他人认为得那么够格	

（2）半结构化访谈

基于构念的概念界定，本研究从2022年11月到2022年12月，对34名受访者进行了半结构化深度访谈，访谈内容主要包括职场中对他人评价、所获成绩、工作任务的主观看法和感受。为了提高访谈效度，减少受访者主观偏见，借鉴曹元坤等（2019）的做法，采取以下措施：首先坚持保密原则，进行匿名访谈；其次使用中立语境，避免访谈者的语言对受访者产生暗示。当访谈至第29名受访对象时未有新的信息出现，理论达到饱和。访谈样本对象为就职于制造、交通运输、金融、保险、IT、教育等企业的职场人士，职位层级覆盖高层、中层和基层。34名受访者中，在性别方面，男性占52.9%，女性占47.1%；在年龄方面，30岁及以下占17.6%，31岁到40岁占64.7%，41岁及以上占17.6%；在学历方面，本科及以下占32.4%，硕士研究生占61.8%，博士研究生占5.9%；平均工作年限为12.4年；平均现岗位年限为3.8年。本研究半结构化访谈对象基本信息（部分）如表3.2所示。

表3.2 半结构化访谈对象基本信息（部分）

编号	性别	年龄	学历	职位	工作年限	现岗位年限	行业
M1	男	29	硕士研究生	培训主管	7	3	制造业（中石油）
M4	男	28	硕士研究生	行政职员	5	1	交通运输（地铁集团）
M6	男	41	本科	项目主管	17	2	IT（惠普）
M16	女	39	硕士研究生	部门主管	16	4	金融（平安银行）
M18	女	39	硕士研究生	支公司总经理	16	7	保险（平安保险）
M26	男	41	硕士研究生	HR总监	21	3	食品（李渡集团）
M30	女	27	专科	行政专员	6	1	环保（中节能）
M32	男	31	硕士研究生	技术开发	7	4	IT（阿里巴巴）

半结构化访谈总时长约计20小时，使用迅捷语音转文字工具将录音文

件转化成约 22 万字原始文本资料。接下来首先对原始文本资料进行整理分析，提取出 150 条原始资料记录。然后由 3 名博士研究生独立进行初始编码和整合，初始提炼形成 147 条题项。最后由 1 名教授、1 名副教授，3 名博士研究生对初始编码形成的题项归纳合并，形成初始题项 26 条。从半结构化访谈原始资料提取初始题项的编码过程示例如表 3.3 所示。

表 3.3　半结构化访谈原始资料提取初始题项编码过程示例

编码	原始资料	初始提炼	合并提炼
M3~8	我去做本科那块工作的时候，当时领导交给了我一个比较重而且比较难的工作任务。他给到我的时候，其实我心里是忐忑的，就是觉得可能领导高估了我的能力，他觉得你能把这个事情做下来，但是我内心是觉得我可能做不了这件事情的，我的能力确实是不够的，我当时内心确实很有压力	我觉得要完成领导交给我的工作任务，我能力是不够的	I5 职场中，对于一些工作任务，我觉得我的能力是不够的
M12~4	刚开始工作的几年，公司派我去给其他公司高管培训证券法和公司法等，关于这个企业经营，其实他们肯定是比我了解多得多，实战经验也很多，我其实是不自信的，会胆战心惊，也会不安	对于公司工作任务安排，我担心自己做不好	
M16~1	在我刚入职从事外勤就是客户经理这个岗位，那时候入职没多久，在外出给理财经理或者客户做讲座等活动中，领导就已经让我当主讲这个角色，我会担心自己完不成领导交代的任务，因为毕竟是面对这种高资产高净值的客户人群嘛，也生怕自己表现不好，会影响到后续的客户营销	对于领导安排重要的工作任务，我担心自己完不成	I5 职场中，对于一些工作任务，我觉得我的能力是不够的
M21~4	领导经常扔很多困难的任务过来，他会认为你可以做到，有时候会觉得我做不到，没有自信	对于领导安排的困难的工作任务，有时候我会觉得我做不到	

3.2.2　题项的提炼

通过文献梳理和半结构化深度访谈共形成初始题项 43 条。为形成初始测试量表，需要将初始题项提炼，具体过程如下所述。

3 职场盛名综合症的量表开发与检验

第一步，邀请3名博士研究生和2名硕士研究生采用背对背的方式对初始题项进行合并和删减，主要从构念定义和内涵出发，对一致认为语义重复或与构念定义和内涵关联性较弱的题项直接删除（例如"我经常拿自己的能力和周围的人比较，我觉得他们可能比我聪明"），对意见存在分歧或不确定的题项进行讨论达成一致决定是否剔除（例如，"我很难接受别人对我才智或成就的赞美"，经讨论一致认为与构念内涵存在偏差然后删除），保留20条题项。

第二步，邀请3名组织行为学领域资深教授（均有量表开发研究经验）对20条题项进行研判，从量表的内容效度出发进行讨论，将与构念内涵不一致、表述不准确的题项删除（例如，"我很少把一个项目或任务做得像我希望的那样好"），保留15条题项。

第三步，采用Likert 5点计分法将15条题项编制成调查问卷的形式，发放给10名接受深度访谈的样本对象进行预调研，根据反馈意见对问卷形式以及题项语义表述进行修正和完善，最终形成15个题项组成的初始测试量表，如表3.4所示。

表3.4 初始测试量表

题项编号	题项内容
C1	在职场中，我觉得我的能力没有别人认为的那么强
C2	在职场中，我觉得别人高估了我的能力
C3	在职场中，我觉得别人对我能力的评价高于我所做出的成绩
C4	在职场中，有时候我觉得我所获得的荣誉、赞扬和认可并不是我应得的
C5	在职场中，我觉得自己没有别人认为的那么够格
C6	在职场中，我担心我做不到别人期待的那么好
C7	在职场中，有时候我会认为我获得的成绩是由于机缘巧合
C8	在职场中，我确信我目前取得的成就源自我真正的能力
C9	在职场中，有时候我会觉得我做出的成绩是误打误撞
C10	在职场中，有时候我会觉得自己获得的成绩是由于某种运气
C11	在职场中，有时候我会觉得自己的能力水平达不到职位要求

续表

题项编号	题项内容
C12	在职场中，对于一些工作任务，我觉得我的能力是不够的
C13	在职场中，面对一些工作机会，我觉得自己的能力达不到要求
C14	在职场中，我会担心其他人能力变强，自己却没有进步
C15	在职场中，我会担心自己的能力跟不上工作的进展

3.2.3 探索性因子分析

本研究采用SPSS 26软件进行探索性因子分析，确定职场盛名综合症量表的维度结构，检验量表信度。调研量表为包括15个题项的Likert 5级量表，样本收集方式为"滚雪球抽样方式"。本次调研于2023年1月开始，利用问卷星平台发放问卷，共计收回问卷356份，剔除无效问卷16份，获得有效问卷340份，有效问卷回收率为95.5%。有效样本行业涵盖制造业、金融保险业、IT行业、教育行业等。有效样本人口统计学特征数据分布情况如表3.5所示：性别方面，男性约占比49.41%，女性约占比50.59%；年龄方面，21岁到30岁的人数约占比52.35%，31岁到40岁约占比38.53%，41岁及以上约占比9.12%；学历方面，专科约占比11.47%，本科约占比58.53%，硕士研究生约占比28.53%，博士研究生约占比1.47%；工作年限方面，5年及以下约占比38.82%，6年到10年约占比27.35%，11年到15年约占比16.18%，16年及以上约占比17.65%；职级方面，基层人员占比60%，中层人员约占比29.41%，高层人员占比10.59%（见表3.5）。

表3.5 样本人口统计学特征数据分布情况表（N=340）

性别	人数	比例
男	168	49.41%
女	172	50.59%
年龄		
21岁到30岁	178	52.35%
31岁到40岁	131	38.53%
41岁及以上	31	9.12%

续表

性别	人数	比例
职级		
高层	36	10.59%
中层	100	29.41%
基层	204	60%
工作年限		
5年及以下	132	38.82%
6年到10年	93	27.35%
11年到15年	55	16.18%
16年及以上	60	17.65%
学历		
专科	39	11.47%
本科	199	58.53%
硕士研究生	97	28.53%
博士研究生	5	1.47%

首先，根据校正的项总计相关性（CITC系数），剔除CITC系数小于0.5的题项，删除"在工作中，我确信我目前取得的成就源自我真正的能力"等题项，保留13个题项。其次，进行KMO和Bartlett球形检验，检验结果为：KMO值为0.921，Bartlett球形检验近似卡方值为2461.356，自由度值为78，$p<0.001$，适合进行探索性因子分析。再次，使用主成分分析法和最大方差法，保留特征值大于1及荷载大于0.5的题项，提取3个因子，保留10个题项。在保留的10个题项中，只有一个题项荷载小于0.6，其余题项均超过0.7。为保证量表的简捷实用，将题项"职场中，有时候我会觉得自己的能力水平达不到职位要求"删除，保留9个题项。

经多次探索最终形成的量表为3个因子9个题项，载荷均在0.769到0.869之间，且不存在交叉负荷。整体量表Cronbach's α系数为0.880，量表信度良好，具体数据结果如表3.6所示。根据探索性因子分析结果，量表可以区分为三个维度，与本研究基于文献梳理进行理论推演所得到的结果基本一致，将三个维度分别命名为"评价盛名难副""成就盛名难副""工作盛名难副"，每个维度均由三个题项组成，具有较好的解释力。

表3.6 探索性因子分析结果（N=340）

因子	题项	因子载荷 1	因子载荷 2	因子载荷 3
评价盛名难副	职场中，我觉得我的能力没有别人认为的那么强	0.807		
	职场中，我觉得别人高估了我的能力	0.829		
	职场中，我觉得别人对我能力的评价高于我所做出的成绩	0.816		
成就盛名难副	职场中，有时候我会认为我获得的成绩是由于机缘巧合		0.819	
	职场中，有时候我会觉得我做出的成绩是误打误撞		0.782	
	职场中，有时候我会觉得自己获得的成绩是由于某种运气		0.851	
工作盛名难副	职场中，对于一些工作任务，我觉得我的能力是不够的			0.801
	职场中，面对一些工作机会，我觉得自己的能力达不到要求			0.869
	职场中，我会担心自己的能力跟不上工作的进展			0.769
	Cronbach's α 系数	0.835	0.844	0.839
	累计方差贡献值（%）	25.622	50.860	76.080

3.2.4 验证性因子分析

本研究使用 Mplus 8.3 软件进行验证性因子分析。根据 Fokkema 和 Greiff（2017）的建议，为降低过度拟合风险，验证性因子分析与探索性因子分析应该采用两份不同的样本。研究团队通过联络本地企业、高校 MBA 非全日制在读学生等方式，利用问卷星平台重新收集问卷 350 份，其中有效问卷 327 份，有效问卷回收率为 93.43%。有效样本行业涵盖制造业、金融保险业、IT 行业、教育行业等。有效样本人口同统计学特征数据分布情况如表 3.7 所示：性别方面，男性占比 46.79%，女性占比 53.21%；年龄方面，25 岁及以下占比 16.21%，26 岁到 30 岁占比 32.72%，31 岁到 35 岁占比 25.08%，36 岁及以上占比 25.99%；工作年限方面，5 年及以下占比 32.11%，6 年到 10 年占比 33.64%，11 年到 15 年占比 16.21%，16 年以及上占比 18.04%；学历方面，专科占比 8.26%，本科占比 62.39%，硕士研究生占比 27.83%，博士研究生占比 1.53%。

表 3.7 样本人口统计学特征数据分布情况（N=327）

性别	人数	比例
男	153	46.79%
女	174	53.21%
年龄		
25 岁及以下	53	16.21%
26 岁到 30 岁	107	32.72%
31 岁到 35 岁	82	25.08%
36 岁以以上	85	25.99%
工作年限		
5 年及以下	105	32.11%
6 年到 10 年	110	33.64%
11 年到 15 年	53	16.21%
16 年及以上	59	18.04%
学历		
专科	27	8.26%
本科	204	62.39%
硕士研究生	91	27.83%
博士研究生	5	1.53%

首先对样本数据进行信度检验，整体量表 Cronbach's α 系数为 0.875，"评价盛名难副""成就盛名难副""工作盛名难副"三个因子的 Cronbach's α 系数分别为：0.798、0.853、0.843，说明量表信度良好。然后检验三因子模型的拟合度，本研究构建四个模型，模型 1 为二阶三因子模型，模型 2 为一阶三因子模型，模型 3 为一阶二因子模型，模型 4 为一阶单因子模型。参照 Fokkema 和 Greiff（2017）建议做法，采用 c^2、df、c^2/df、CFI、TLI、SRMR、RMSEA 七个指标综合评价模型拟合度，检验结果如表 3.8 所示。

表3.8 验证性因子分析结果（N=327）

模型	c^2	df	c^2/df	CFI	TLI	SRMR	RMSEA
模型1（WIS：A，B，C）	38.513	24	1.605	0.987	0.980	0.033	0.043
模型2(A，B，C)	61.590	24	2.566	0.987	0.981	0.025	0.047
模型3（A+B，C）	412.795	26	15.877	0.871	0.822	0.070	0.145
模型4（A+B+C）	828.617	27	30.690	0.733	0.644	0.091	0.205

注：WIS=职场盛名综合症，A=评价盛名难副，B=成就盛名难副，C=工作盛名难副。

根据表3.8所展示的检验结果，模型1和模型2均符合拟合指标要求，c^2/df<3，CFI和TLI均大于0.9，SRMR和RMSEA均小于0.08。因此，职场盛名综合症作为二阶因子由评价盛名难副、成就盛名难副、工作盛名难副三个一阶因子构成，三因子结构合理。此外，验证性因子分析结果表明，所有观测变量标准化载荷系数均大于0.699，显著性水平在0.001，三因子结构模型如图3.1所示。

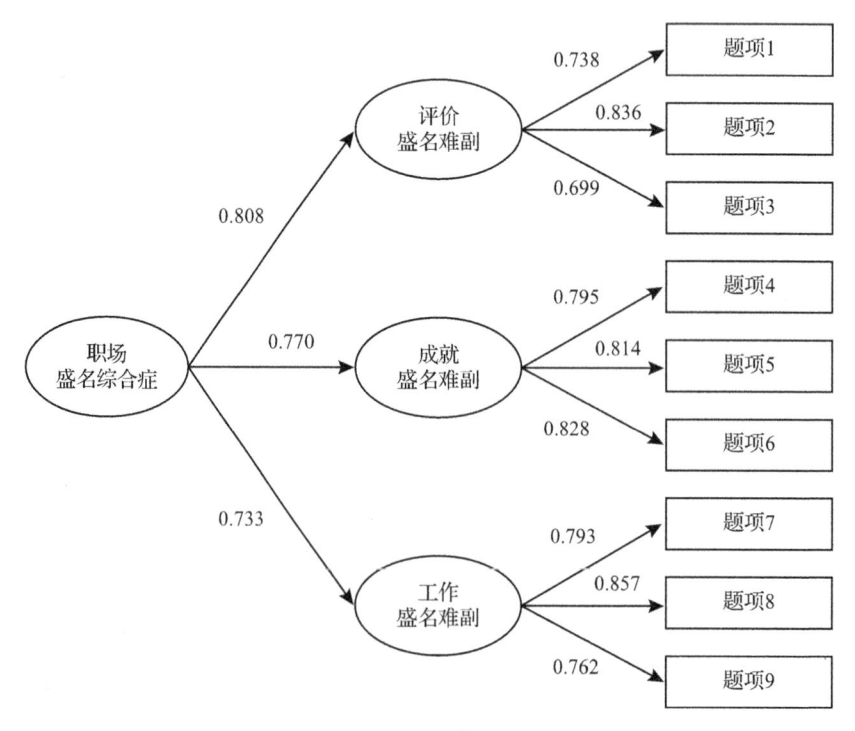

图3.1 三因子结构模型

3.2.5 结构效度检验

结构效度检验包括聚合效度检验和区分效度检验。本研究通过组合信度 CR 值、平均方差萃取 AVE 值这两个指标检验聚合效度，检验结果如表 3.9 所示。根据数据结果，三个因子的 CR 值均大于 0.8，AVE 值均大于 0.5，量表具有较好的聚合效度。

表 3.9 聚合效度检验结果（N=327）

因子	平均方差萃取 AVE 值	组合信度 CR 值
评价盛名难副	0.577	0.803
成就盛名难副	0.660	0.854
工作盛名难副	0.648	0.846

区分效度则用各因子两两之间的标准化相关系数是否小于 AVE 平方根值来检验，检验结果如表 3.10 所示。根据数据结果，三个因子两两之间的标准化相关系数均小于两者 AVE 平方根值，量表具有较好的区分效度。

表 3.10 区分效度检验结果（N=327）

	评价盛名难副	成就盛名难副	工作盛名难副
评价盛名难副	（0.760）		
成就盛名难副	0.521**	（0.813）	
工作盛名难副	0.504**	0.488**	（0.805）

注：对角线括号内为 AVE 平方根值；** 为 $p<0.01$。

3.3 职场盛名综合症量表预测效用检验

本研究选取情绪耗竭、工作压力两个校标变量来检验职场盛名综合症量表的预测效用，即检验使用本研究开发的量表所测量的变量对理论上产生影响的变量是否真实产生显著性影响。

3.3.1 研究假设

职场盛名综合症的经典研究往往将样本选取为获得高工作成就的个体，

研究结论是这些个体尽管在工作上获得了显著成就，但是主观上还是持续性地认为自己所获成就来自能力以外因素，感觉自己"名不副实"并且害怕暴露（Clance 和 Imes，1978；Clance，1985；Clance 和 O'Toole，1987）。根据归因理论，特定的归因认知将带来特定情绪（Heider，1944；Weiner，1985），高盛名综合症个体持续性将自己的成功归因为自身能力以外因素，将导致消极情绪（Hutchins，2015）。盛名综合症体现出的持续性的归因认知可能带来持续性的消极情绪，继而导致个体情绪耗竭。因此，本研究提出假设 H1。

H1：职场盛名综合症对情绪耗竭有正向影响。

压力认知评价理论认为，压力是情境要求与处理这种要求的能力之间的相互作用，个体对情境的认知评价是压力产生的关键（Lazarus，1991；Sulsky 和 Smith，2007）。如果情境要求很高，但个体认为这种要求在自己的能力范围之内，就会对情境做出挑战评价，产生挑战性压力；相反，如果情境要求很高，而个体认为自己处理这种要求的能力不足，则会做出威胁评价，产生威胁性压力（李宗波和李锐，2013）。职场盛名综合症就是个体认为工作情境要求高于自己工作能力的一种认知，将导致工作压力的产生。因此，本研究提出假设 H2。

H2：职场盛名综合症对工作压力有正向影响。

3.3.2 研究设计

测量工具方面，本研究所用测量量表均采用 Likert 5 点计分。职场盛名综合症采用本研究所开发量表，共 9 个题项，在本研究中 Cronbach's α 系数为 0.876。情绪耗竭的测量采用李超平和时勘（2003）翻译的 MBI-GS 量表，共 5 个题项，在本研究中 Cronbach's α 系数为 0.921。情绪耗竭测量量表如表 3.11 所示。

表 3.11 情绪耗竭测量量表

编号	题项
EE1	工作让我感觉身心都非常疲惫
EE2	下班的时候我感觉精疲力竭
EE3	早晨起床，想到不得不去面对一天的工作时，我感觉非常累

续表

编号	题项
EE4	整天工作对我来说确实压力很大
EE5	工作让我有快要崩溃的感觉

工作压力的测量使用 Motowidlo 等（1986）开发的 3 个条目量表，在本研究中 Cronbach's α 系数为 0.761。工作压力测量量表如表 3.12 所示。

表 3.12 工作压力测量量表

编号	题项
WP1	我的工作极具压力
WP2	工作中很少没有压力的事情
WP3	对于我的职业，感到压力巨大

样本收集方面，本研究采用"滚雪球抽样方式"，通过问卷星平台于 2023 年 3 月收集问卷 423 份，其中有效问卷 392 份，有效问卷回收率为 92.67%。有效样本人口统计学特征数据分布情况如表 3.13 所示，男性占比 48.47%，女性占比 51.53%；25 岁及以下占比 23.47%，26 岁到 30 岁占比 37.50%，31 岁到 35 岁占比 19.13%，36 岁及以上占比 19.90%；工作 5 年及以下的占比 43.37%，6 年到 10 年的占比 32.65%，11 年及以上的占比 23.98%；专科占比 29.08%，本科占比 54.08%，硕士及博士研究生占比 16.84%；基层占比 72.19%，中层占比 25.00%，高层占比 2.81%。

表 3.13 样本人口统计学特征数据分布情况（N=392）

性别	人数	比例
男	190	48.47%
女	202	51.53%
年龄		
25 岁及以下	92	23.47%
26 岁到 30 岁	147	37.50%
31 岁到 35 岁	75	19.13%
36 岁及以上	78	19.90%

续表

性别	人数	比例
职级		
高层	11	2.81%
中层	98	25.00%
基层	283	72.19%
工作年限		
5年及以下	170	43.37%
6年到10年	128	32.65%
11年及以上	94	23.98%
学历		
专科	114	29.08%
本科	212	54.08%
硕士及博士研究生	66	16.84%

3.3.3 数据分析与结果

用 Mplus 8.3 软件对职场盛名综合症、情绪耗竭、工作压力三个变量进行验证性因子分析，三因子模型拟合指标 $c^2/df=2.322$、CFI=0.987、TLI=0.979、RMSEA=0.058、SRMR=0.034，表明模型拟合度较好。

为进一步验证 H1 和 H2，对性别、年龄、工作年限、学历、职级、职场盛名综合症、情绪耗竭、工作压力 8 个变量进行描述性分析、相关分析及回归分析。各变量的描述性统计与相关分析、回归分析结果如表 3.14 和表 3.15 所示。

表3.14 描述性统计与相关分析结果（N=392）

	平均值	标准差	1	2	3	4	5	6	7	8
1.性别	1.515	0.500	1							
2.年龄	30.403	6.641	−0.266**	1						
3.工作年限	7.898	6.075	−0.234**	0.845**	1					

3 职场盛名综合症的量表开发与检验

续表

	平均值	标准差	1	2	3	4	5	6	7	8
4.学历	1.883	0.680	0.005	−0.152**	−0.215**	1				
5.职级	1.306	0.519	−0.136**	0.264**	0.261**	0.204**	1			
6.职场盛名综合症	2.639	0.686	0.049	−0.180**	0.218**	−0.028	−0.064	1		
7.情绪耗竭	2.682	0.904	0.045	−0.180**	−0.153**	0.150**	−0.133**	0.321**	1	
8.工作压力	3.154	0.854	−0.026	0.083	0.076	0.056	0.015	0.235**	0.592**	1

注：* 为 $p<0.05$，** 为 $p<0.01$。

相关分析结果显示，职场盛名综合症与情绪耗竭显著正相关（r=0.321，p<0.01），与工作压力显著正相关（r=0.235，p<0.01）。

回归分析结果表明，在控制了性别、年龄、工作年限、学历、职级之后，职场盛名综合症对情绪耗竭产生显著正向影响（b=0.418，p<0.01），对工作压力产生显著正向影响（b=0.339，p<0.01）。

综合以上分析结果，职场盛名综合症对校标变量影响作用的两个假设均成立，即职场盛名综合症量表具有较好的预测效度。

表3.15 回归分析结果（N=392）

变量	情绪耗竭		工作压力	
	第一步	第二步	第一步	第二步
性别	−0.011 （−0.122）	−0.009 （−0.106）	−0.006 （−0.063）	−0.004 （−0.048）
年龄	−0.024 （−1.862）	−0.024* （−2.031）	0.008 （0.626）	0.007 （0.592）
工作年限	0.009 （0.679）	0.022 （1.613）	0.007 （0.530）	0.017 （1.287）
学历	0.221** （3.165）	0.256** （3.856）	0.104 （1.535）	0.133* （2.022）

续表

变量	情绪耗竭		工作压力	
	第一步	第二步	第一步	第二步
职级	−0.241** (−2.600)	−0.250** (−2.833)	−0.052 (−0.582)	−0.059 (−0.680)
职场盛名综合症		0.418** (6.602)		0.339** (5.424)
R^2	0.065	0.160	0.013	0.083
ΔR^2	0.065	0.095	0.013	0.070
F	5.326**	12.193**	1.030	5.825**

注：* 为 $p<0.05$，** 为 $p<0.01$；括号里面为 t 值。

3.4 结论与讨论

第一，本研究基于相关文献进行理论推演，结合当前研究趋势，聚焦概念的认知属性及职场情境，在中文语境下对职场盛名综合症的概念进行界定：个体在职场中主观认为自己盛名难副的典型认知表现。这一概念对以往概念内涵（Clance 和 Imes，1978；Harvey，1981；Clance，1985；Harvey 和 Katz，1985；Leary 等，2000；Tewfik，2022；Kark 等，2022）起到一定的归纳和提炼作用。在此基础上，进一步明晰了概念的核心特征包括：评价盛名难副（认为他人高估自己的能力）、成就盛名难副（无法将成功内化）、工作盛名难副（无法达到工作要求或期望）；该内涵结构在实证检验中也得到了印证。

第二，通过探索性因子分析、验证性因子分析、信度及效度检验，最终构建职场盛名综合症量表，包含三个维度："评价盛名难副""成就盛名难副""工作盛名难副"，每个维度均由三个题项构成。该量表相较以往量表具有时代性、普适性、结构合理性等优势。一是与 Clance（1985）量表比较，所基于的概念内涵更加符合当前研究趋势，聚焦于概念的认知属性和职场情境（McDowell 等，2015；Neureiter 和 Traut-Mattausch，2016；Schubert 和 Bowker，2019；Tewfik，2022；Kark 等，2022）；调查样本更具有普遍性（Clance 和

Imes，1978；Clance，1985）。二是与Tewfik（2022）单一维度量表比较，多维度结构更加契合经典研究以及现有大多数研究对于概念的阐释（Clance和Imes，1978；Harvey，1981；Clance，1985；Harvey和Katz，1985；Leary等，2000；Bechtoldt，2015；Kark等，2022）。该量表信效度良好，具有较好的预测效用，为后续相关实证研究打下基础。

第三，通过预测效度检验，职场盛名综合症显著正向影响情绪耗竭和工作压力。从归因理论、压力认知评价理论视角探讨职场盛名综合症与情绪耗竭、工作压力的关系并进行实证检验，使得相关理论得到丰富和发展。同时，以上研究结论也为后续职场盛名综合症相关实证研究提供了证据参考。

3.5 本章小结

本章首先通过文献梳理，结合当前研究趋势，聚焦概念的认知属性及职场情境，在中文语境下将职场盛名综合症界定为个体在职场中主观认为自己盛名难副的典型认知表现，包括评价盛名难副、成就盛名难副、工作盛名难副，此概念内涵在实证分析中得到印证。其次，通过初始题项生成、题项提炼、探索性因子分析、验证性因子分析、信度及效度检验，最终构建职场盛名综合症量表，包含三个维度，共九个题项。最后，通过预测效度检验，职场盛名综合症显著正向影响情绪耗竭和工作压力。职场盛名综合症量表相较以往量表，具有时代性、普适性、结构合理性特点，信效度良好，具有较好的预测效用，为后续进一步探究职场盛名综合症对职业能力发展的影响作用机制和边界条件打下理论基础，提供可行的测量工具。

4 职场盛名综合症对职业能力发展的双刃剑效应

4.1 理论框架：压力认知评价理论

4.1.1 压力认知评价理论的核心内容

Lazarus 和 Folkman 于 1984 年出版的著作 *Stress, Appraisal, and Coping* 整合此前相关研究提出了压力认知评价理论（cognitive appraisal theory of stress）。该理论明确了两个过程：认知评价（cognitive appraisal）和应对（coping），这两个过程就是连接造成压力的人与环境关系和他们短期以及长期结果的重要中介（Folkman 等，1986）。压力认知评价理论解释模型如图 4.1 所示。

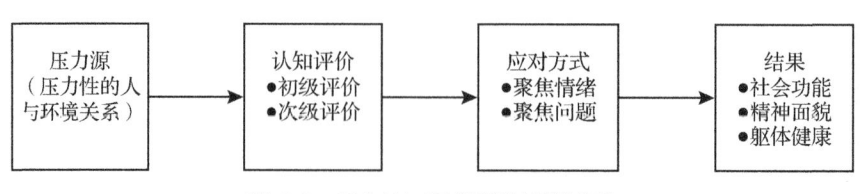

图 4.1 压力认知评价理论解释模型

首先是认知评价（cognitive appraisal）。个体通过认知评价过程去评价其遭遇的特定环境是否影响其福祉，假如有影响的话是何种影响。认知评价过程又可以区分为初级评价（primary appraisal）和次级评价（secondary appraisal）。在初级评价过程中，个体评价其遭遇的特定环境是否与其利益攸关。比如：是否对个体的承诺、价值或目标存在潜在损害或利益？是否对关爱之人的健康或者福祉造成风险？是否对自尊存在可能的损害或利益？在次级评价过程中，个体评价是否能做什么来克服或阻止损害或者促进利益产生。在这个过程中个体会评价各种可能的应对方式，比如改变现状，接受现状，寻求更多的信息，或者克制贸然行动而使用相反的方式，等等。初级评价过程和次级评价过程相结合被用来决定特定的人与环境交互是否对个体福祉影响重大；如果是的话，那么它是威胁性的（包含伤害或损失的可能性），还是挑战性的（存在掌握或利益的可能性）（Folkman等，1986）。

其次是应对（coping）。这个过程被界定为个体持续性地付出努力改变认知和行为来管理特定的外部和/或内部需要，这些需要被认为会对个体资源造成重负（Lazarus和Folkman，1984）。这个定义包括三个关键特征。一是应对是过程导向，也就是说它聚焦于个体在特定的产生压力的遭遇中实际的所想所为，以及所想所为随着遭遇发生如何变化。这与"特质论"相对立，"特质论"考虑的是个体通常会怎么做，强调稳定性而不是变化。二是应对是情境性的，也就是应对会受到个体对实际需要和管理这些需要的资源的评估影响，强调情境即强调特定的个体和情境因素共同作用下塑造了应对方式。三是并不对好的应对方式和坏的应对方式做因果推断，应对仅仅是个体为管理需要所做的努力，不管最终是否成功地管理了需要。在压力认知评价理论当中，应对的概念与结果（outcome）相区分，该理论认为如果不把应对和结果区分将造成同义反复，而应对应该是对结果的解释（Folkman和Lazarus，1985）。

认知评价理论认为，应对方式主要可以分为两种，两种方式分别对应两种功能：一种是情绪聚焦应对方式（emotion-focused coping），为了调节压力情绪；另一种是问题聚焦应对方式（problem-focused coping），为了改变造成困境的人与环境关系。个体对于压力源的初级评价和次级评价将导致个体采取不同的应对措施（Lazarus和Folkman，1984；Folkman等，

1986）。其中挑战性压力源代表个体将压力性人与环境关系评价为具有促进个体收益或成长的潜在可能性，可以触发积极的或者聚焦问题的应对方式；威胁性压力源代表个体将压力性人与环境关系评价为具有损害个体收益或成长的潜在可能性，可以触发消极的或者聚焦情绪的应对方式（LePine等，2005）。

Lazarus 和 Folkman（1984）压力源通过个体认知评价和应对过程将导致短期或者长期的压力结果，主要包括三个方面：一是社会功能（social functioning），即个体如何履行其角色的行为结果；二是精神面貌（morale），即个体的积极或者消极的情感结果；三是躯体健康（somatic health），即个体健康水平相关结果。

4.1.2　压力认知评价理论的测量方式

以往实证研究主要通过问卷方式对压力认知评价理论中的相关要素进行测量，但是测量方式存在一定的差异性，主要包括两种：一种是直接测量理论要素，如直接测量"初级评价""次级评价""挑战性评价""威胁性评价""聚焦问题的应对""聚焦情绪的应对"等；另一种是不直接测量理论要素而是通过测量具体的认知和行为来表征理论模型和要素（姜福斌和王震，2022）。

在应用第一种方式直接测量理论要素的实证研究中，以"挑战性/威胁性评价"测量为例，部分研究直接让被试针对研究所涉及的压力源进行"挑战性评价"测量和"威胁性评价"测量。例如：Webster 等（2011）就对研究中涉及的四个压力源（包括角色冲突、角色模糊、工作负荷、工作责任）分别进行了"挑战性评价"测量和"威胁性评价"测量，得到八个测量结果，其中"挑战性评价"和"威胁性评价"分别用一个题项测量，即直接询问被试面对不同的压力源时感受到挑战还是威胁；Mitchell 等（2019）用经验取样法对被试每天的"挑战性评价"和"威胁性评价"进行测量，并不直接指向压力源，典型题项包括"今天，我感受到了威胁""今天，我感受到了积极方式的挑战"。

对压力认知评价理论进行测量的第二种方式不是直接对理论要素进行测量，而是基于压力认知评价理论视角和框架，使用具体的认知和行为变量来进行测量。例如，Trougakos 等（2020）将"新冠"焦虑视作压力性事件，基于压力认知评价理论视角认为情绪抑制是压力性事件的情绪聚焦应对方式，在实证研究中对"新冠"焦虑和情绪抑制的正向影响关系进行了检验。张捷等（2020）将压力认知评价理论作为理论解释框架，讨论了领导高绩效要求导致作为压力源使得个体产生积极或消极的认知评价进而产生积极或消极的应对方式，该实证研究并未直接测量压力认知评价理论要素，而是测量主动性工作行为、工作退缩行为两种具体的应对方式，检验了领导高绩效要求导致主动性工作行为、工作退缩行为的双刃剑效应。

综上所述，在以往研究中，学者根据不同的研究目的使用这两种方式来测量和检验压力认知评价理论在实践中的体现。直接测量理论核心要素将能够最为直观地检验压力认知评价理论核心要素之间的关系，而使用压力认知评价视角仅测量具体的认知、行为变量来表征核心理论要素则能够更加聚焦于实践应用（姜福斌和王震，2022）。

4.1.3 应用压力认知评价理论的实证研究

通过对以往在组织与管理领域应用压力认知评价理论的实证研究进行梳理，主要从压力源、压力认知评价和应对方式三个方面将现有文献进行归纳和综述。

（1）压力源

压力源是指带来压力的环境和事件（Kahn 和 Byosiere，1992）。Sonnentag 和 Frese（2003）认为在组织与管理领域研究中的压力源可作以下分类：生理压力源（physical stressors）、任务相关压力源（task-related job stressors）、角色压力源（role stressors）、工作日程相关压力源（work-schedule-related stressors）、职业相关压力源（career-related stressors）、创伤事件（traumatic events）和压力性变化过程（stressful change processes）。姜福斌和王震（2022）在此基础上，结合更加近期的实证研究成果，认为压力源可以分为六类，具体内容如下。

一是生理压力源。例如，Barber 等（2014）以压力认知评价理论为解释框架，探讨了睡眠卫生（sleep hygiene）作为压力源是如何通过初级评价和次级评价最终影响员工的幸福感。

二是任务压力源。例如，Webster等（2011）通过实证研究指出工作负荷和工作责任作为两个压力源将显著影响员工的情绪耗竭、工作满意度和离职倾向。再如，Wu等（2021）认为员工被要求使用社交媒介进行办公将成为压力源，员工对该压力源作为挑战性或阻碍性评价将对工作效率产生双刃剑影响。

三是角色压力源。以往研究探讨了角色冲突、角色模糊和角色过载对员工产生压力进而影响员工的认知和行为（McGonagle等，2015；Wang等，2021；Webster等，2011）。Sim和Lee（2018）认为员工资质不足感知可以当作压力源给员工造成压力，进而影响员工的工作满意度、组织承诺和离职倾向。

四是社会压力源。社会压力源主要来自领导、同事或者顾客，如破坏型领导（Syed等，2022）、职场人际冲突（Venz和Nesher，2022）以及顾客不文明行为（Arnold和Walsh，2015）等。

五是职业压力源，如工作不安全感（韦荷琳和冯仁民，2021）。

六是重大事件压力源，如新冠疫情（病例数量、增长速度等）。

（2）压力认知评价

以往实证研究中对于压力认知评价（初级评价、次级评价）的研究可以分为结果论和过程论（姜福斌和王震，2022），本质区别在于认知评价结果是否作为测量变量存在于研究模型当中。有些学者会将挑战性压力评价、威胁性压力评价作为测量变量体现于研究模型当中（如Webster等，2011；Mitchell等，2019；胡晓龙和马安妮，2021）。而有些学者没有在实证研究部分直接测量认知评价结果，只是将压力认知评价理论中的认知评价过程当作理论解释路径（如Mao等，2019；张捷等，2020）。

此外，已有研究探讨压力认知评价过程的影响因素可以分为个体因素和情境因素（姜福斌和王震，2022）。其中，个体因素包括：心理韧性（Mitchell等，2019；Jiang等，2020）、心理资本（Liu，2021；Majeed和Naseer，2019）、核心自我评价（Lim和Tai，2014）、自我效能感（Nauta等，2010；Thompson和Gomez，2014）、自我监控（Wang等，2021）、员工幽默（Sliter等，2014）等。情境因素包括：变革型领导（Arnold和Walsh，2015）、魅力型领导（LePine等，2016）、道德型领导（Liu等，2022）、同事幽默

(Cheng 等，2021)、组织支持（Neves 等，2018）、参与氛围（Paškvan 等，2016）等。

（3）压力应对方式

根据 Lazarus 和 Folkman（1984）提出的经典理论框架，个体基于认知评价之后会采取的应对方式可以分为问题聚焦应对方式和情绪聚焦应对方式两种。其中，问题聚焦应对方式通过主动行为去改变造成困境的人与环境关系，降低压力源产生的影响（Folkman 等，1986）。例如，以往研究表明，员工对于来自组织的高绩效要求或者绩效压力可能采取问题聚焦应对方式，提高工作投入以达到绩效目标（Mitchell 等，2019；张捷等，2020）。

而情绪聚焦方式的目的是调节压力情绪，通常采取回避、疏远等方式调整自己对压力环境或事件的认知（Lazarus 和 Folkman，1984；Folkman 等，1986）。例如，Andel 等（2019）通过实证研究发现员工会通过网络闲逛的应对方式调整职场攻击带来的负面情绪。Trougakos 等（2020）指出员工可能用情绪抑制的应对方式来回应"新冠"这一压力事件带来的焦虑情绪。

（4）压力结果

根据压力认知评价理论的经典观点，压力源通过压力应对方式导致压力结果（Lazarus 和 Folkman，1984）。以往压力认知评价理论应用研究中，许多学者遵循这一做法，但是也有部分学者对压力应对方式和压力结果不作区分（姜福斌和王震，2022）。基于 Lazarus 和 Folkman（1984）对压力结果的分类，可将以往压力结果相关研究区分如下：涉及个体社会功能的行为结果研究如 Mitchell 等（2019）认为对绩效压力的消极应对带来不文明行为的结果，对绩效压力的积极应对带来任务精通和组织公民行为的结果；涉及个体精神面貌的情感结果的研究如 Webster 等（2011）认为职业压力（角色冲突、角色模糊、工作负荷、工作责任）将带来情绪耗竭的压力结果；涉及个体躯体健康的结果的研究如 Webster 等（2011）认为职业压力（角色冲突、角色模糊、工作负荷、工作责任）将带来个体的身体症状。

综上所述，压力认知理论应用研究框架可以用图 4.2 进行概括。

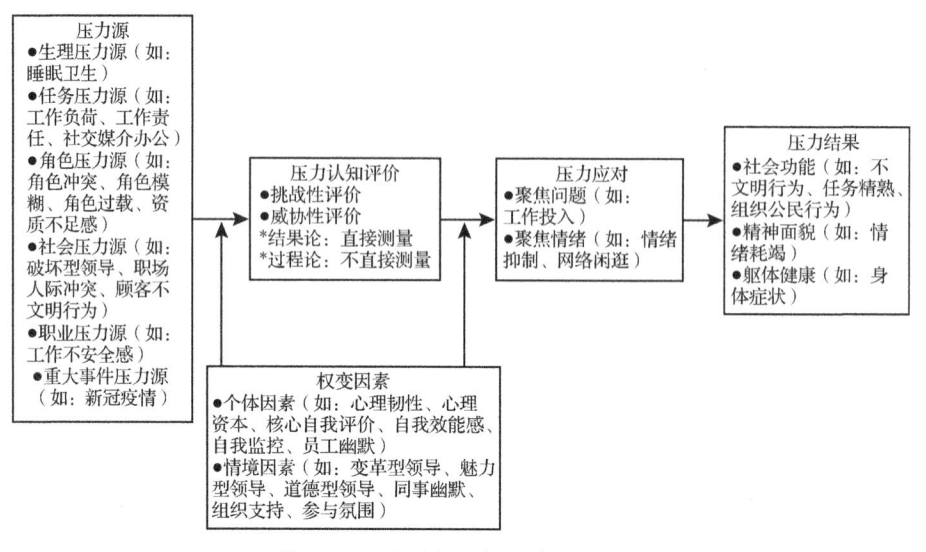

```
┌─────────────────┐
│     压力源      │
│ ●生理压力源(如: │
│   睡眠卫生)     │
│ ●任务压力源(如: │
│   工作负荷、工作责│         ┌──────────────┐     ┌──────────────┐     ┌──────────────┐
│   任、社交媒介办公)│        │  压力认知评价 │     │   压力应对   │     │   压力结果   │
│ ●角色压力源(如: │────────→│ ●挑战性评价  │────→│●聚焦问题(如: │────→│●社会功能(如:不│
│   角色冲突、角色模│         │ ●威胁性评价  │     │  工作投入)   │     │ 文明行为、任务精熟│
│   糊、角色过载、资│         │ *结果论:直接测量│   │●聚焦情绪(如:情│    │ 、组织公民行为)│
│   质不足感)    │         │ *过程论:不直接测量│  │  绪抑制、网络闲逛)│  │●精神面貌(如:情│
│ ●社会压力源(如: │         └──────────────┘     └──────────────┘     │ 绪耗竭)      │
│   破坏型领导、职场│                  ↑                               │●躯体健康(如:身│
│   人际冲突、顾客不│                  │                               │ 体症状)      │
│   文明行为)    │                  │                               └──────────────┘
│ ●职业压力源(如: │         ┌──────────────┐
│   工作不安全感)  │         │    权变因素   │
│ ●重大事件压力源 │─────────→│●个体因素(如: │
│   (如:新冠疫情) │         │  心理韧性、心理│
└─────────────────┘         │  资本、核心自我评价、│
                            │  自我效能感、  │
                            │  自我监控、员工幽默)│
                            │●情境因素(如: │
                            │  变革型领导、魅力│
                            │  型领导、道德型领导、│
                            │  同事幽默、   │
                            │  组织支持、参与氛围)│
                            └──────────────┘
```

图4.2 压力认知评价理论研究框架

4.2 概念模型

《贞观政要》有言:"为政之要,惟在得人。用非其才,必难致治。"在目前全球人力资本战略背景下,组织往往采取正面反馈、晋升提拔等正向激励措施,以期培养组织员工职业能力,促进员工职业成长,进而实现组织需求和期望(Bagdadli等,2019;马君和闫嘉妮,2020;王庆娟等,2023)。组织通过正向激励措施赋予员工以"盛名",目的是激励人才和培养人才,本质上是对员工职业能力的激励和培养。然而,背负"盛名"的员工是否真的能够如组织所愿,实现职业能力的发展以实现组织期望?

一方面,对于高成就或者具有高潜力的人才,"盛名"仿佛"名正言顺",理应能够起到激励作用,促进人才的职业能力发展和职业成长。然而,《哈佛商业评论》发布的一项研究中,观察企业管理实践,提出"人才诅咒"现象(talent curse),即这些受到组织重视的人才在组织中所获得的认可、机会和期望,反而可能成为他们的"诅咒",对他们的职业成长,敬业度和工作表现产生消极影响,甚至导致离职(Petriglieri G.和Petriglieri J.,2017)。以往相关学术研究也指出,被企业给予地位、机会和期望的明星CEO、明星员工等人才也可能被"盛名"所累,产生负面信息隐藏、抑制创造力等负面后果（于李胜等，2021；马君和闫嘉妮，2020；马君等，2022）。盛名综合症，作为主观上认为他人高估自己能力的一种认知失调状态（Tewfik，2022），在获得高成就的职业人群里尤为盛行（Kark 等，2022；Clance 和 Imes，1978；Clance，1985）；已有多项研究指出它或将成为解释高成就人才负面工作结果的心理解释机制（马君和闫嘉妮，2020；马君和马兰明，2023；Tewfik，2022；Kark 等，2022）。

另一方面，现如今组织的快速变化，促使越来越多的员工获得了职业能力要求很高的工作机会，但是这些员工并没有达到职业能力的要求（Corley 和 Schinoff，2017）。员工的职业能力发展，被视作预测员工职业成长最稳定因素，其实是一个渐进的过程（Adams，1999；Greenhaus 等，2000；翁清雄和席酉民，2011）。而在此过程中，员工将可能阶段性地感受到组织对其职业能力的认可或期望高于职业能力发展实际进程，即职业能力"被高估"，产生盛名综合症。例如，一位缺乏人际经验的技术人员被晋升为对人际技能要求更高的部门主管，可能引发"被高估"的认知而导致盛名综合症。然而，盛名综合症可能对不同的员工的职业能力发展产生差异性的作用效果：有的员工可能接受"盛名"带来的挑战积极应对进而实现发展，有的员工则可能被"盛名"所威胁消极应对继而抑制发展。

压力认知评价理论为盛名综合症对员工职业能力发展的双面效应提供了一个理论解释框架。盛名综合症是员工认为自己工作能力的"外部证据"高于"内部认知"（Clance 和 Imes，1978；Clance，1985；Clance 和 O'Toole，1987），也就是一种人和环境之间失衡状态的主观判断，而员工在此情境之下可能进行差异性的压力性认知评价，进而产生差异性的应对方式。以往研究一般认为威胁性评价带来消极应对方式，挑战性评价带来积极应对方式（Rice 和 Busby，2022；Rice 和 Day，2022；Zhang 和 Parker，2022）。员工面对"被高估"的外界刺激，如果压力性评价结果为挑战，员工认为自己能够克服"被高估"的压力，这将激励员工采取积极应对策略，如投入更多的时间和精力到工作当中，进而促进职业能力发展；如果压力性评价结果为威胁，则员工认为自己不能克服"被高估"的压力，这将导致员工采取消极应对策略，如回避沟通隐藏自己的职业能力以免暴露，继而阻碍职业能力发展。已有研究表明组织支持、团队氛围等情境因素显著影响个体压力性评价过程（Neves 等，2018；Paškvan 等，2016）。团队掌握动机氛围强调学习、发展和相互合作（Nerstad 等，2013），员工受此氛围影响将更加可能将"被高估"的压力视为挑战，采取积极应对策略。团队绩效动机氛围着重比较和竞争（Nerstad 等，2013），员工受此氛围影响将更加可能将"被高估"的压力视为威胁，采取消极应对策略。

鉴于此，本研究试图探索以下问题：职场盛名综合症对员工职业能力发展是起促进作用还是阻碍作用？职场盛名综合症对员工职业能力发展的影响作用机制是如何的？职场盛名综合症对员工职业能力发展的作用机制是否存在边界条件？本研究拟引用压力认知评价理论为理论解释框架，构建职场盛名综合症对员工职业能力发展影响的双刃剑作用机制模型，探究"职场盛名综合症—工作努力—职业能力发展"的积极影响路径和"职场盛名综合症—知识隐藏—职业能力发展"的消极影响路径，并考察掌握氛围和绩效氛围的调节效应。具体概念模型如图 4.3 所示。

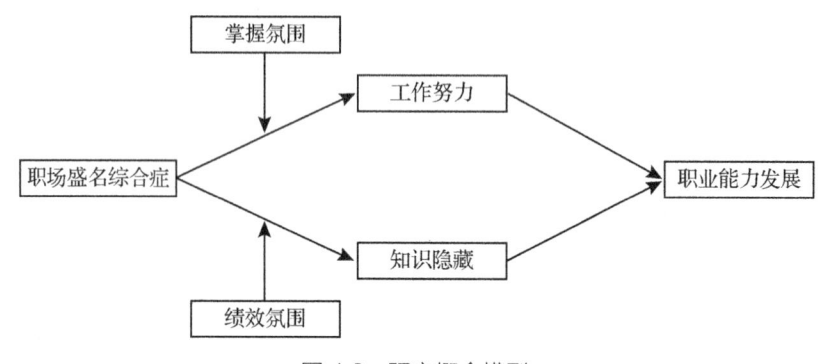

图 4.3　研究概念模型

4.3　研究假设

4.3.1　挑战性压力认知评价：职场盛名综合症对工作努力的刺激作用

根据压力认知评价理论的观点，人们会对造成压力的人与环境关系进行评价，即对压力源进行评价进而采取应对措施（Folkman 等，1986）。职场盛名综合症是员工认为自己职业能力的"外部证据"高于"内部认知"（Clance 和 Imes，1978；Clance，1985；Clance 和 O'Toole，1987），探其本质也就是一种人和环境之间失衡状态在职场个体认知上的反映，即可以将职场盛名综合症视作一种压力源的表征。

压力认知评价理论认为，个体对于压力源的初级评价和次级评价将导致个体采取不同的应对措施（Lazarus 和 Folkman，1984；Folkman 等，1986）。初级评价关注压力源的动机相关性，即压力性的人与环境关系是否与个体的福祉密切相关（Lazarus 和 Folkman，1984；Lazarus 和 Folkman，1987）。次级评价是初级评价的重要补充，即该评价取决于个体认为自己多大程度上控制压力源带来的结果（Lazarus 和 Folkman，1987）。个体通过认知评价过程将压力源评价为挑战性或者威胁性（Lazarus 和 Folkman，1984）。其中挑战性压力源代表个体将压力性人与环境关系评价为具有促进个体收益或成长的潜在可能性，可以触发积极的或者聚焦问题的应对方式；威胁性压力源代表个体将压力性人与环境关系评价为具有损害个体收益或成长的潜在可能性，可以触发消极的或者聚焦情绪的应对方式（LePine 等，2005）。

职场盛名综合症是个体认为自己的职业能力存在"内""外"差异，即个体认为外部证据所呈现出的自身能力高于自己的内部认知（Clance 和 Imes，1978；Clance，1985；Clance 和 O'Toole，1987），概括而言就是认为自己的职业能力被高估（Tewfik，2022）。个体可能认为这种职业能力的"被高估"具有促进个体收益或成长的潜在可能性，如外界的期望被认为是成长和发展的基础（Sitkin 等，2011），可能给个体带来积极作用（Mitchell 等，2019；张捷等，2020；聂琦等，2022），并且认为自己能够克服"被高估"的压力，即将其评价为挑战性压力源。

首先，能力被高估评价为挑战性压力源将触发积极的或者聚焦问题的应对方式，产生内化动机（Tewfik，2019），那么个体将投入更多的时间和精力到工作当中，表现为工作努力，试图去解决对于职业能力的认知存在"外"高于"内"的问题，也就是试图让能力认知的"内""外"匹配，将"盛名难副"转变为"名副其实"。其次，挑战性压力源促生的应对方式会加强自我调节（Folkman 和 Lazarus，1985），而在工作中投入努力被认为是这种自我调节的典型表现（Mitchell 等，2019）。此外，已有研究如 De Cooman 等（2013）基于比利时公司职员样本实证检验了个体的工作压力对工作努力的显著正向影响。本研究通过压力认知评价理论对这一研究结论进行了更加具体化的阐释，即只有当个体对压力源做出挑战性压力评价时，压力源才能刺激个体采取工作努力这一积极的亦是聚焦问题的应对措施。

还有，职场盛名综合症以往相关定性或定量的研究结论也暗示了职场盛名综合症和工作努力之间存在正相关关系。Clance 和 Imes（1978）通过对临床样本的观察和诊断提出盛名综合症的概念的同时，明确指出盛名综合症程度较高的个体表现出的几种典型行为特征中就包括勤奋和努力。而 Neureiter 和 Traut-Mattausch（2016）通过实证研究提出盛名综合症对影响职业努力产生正向影响。此外，Kark 等（2022）的定性研究也通过理论推演提出领导者盛名综合症将对领导者的角色内额外努力产生正向影响的命题。

归纳而言，个体可能将职场盛名综合症所表征的压力源评价为挑战性压力源，采取工作努力的策略进行积极应对。姜福斌和王震（2022）认为在应用压力认知评价理论的具体研究模型中，有一种做法是可以不直接引入压力认知评价理论要素，而是基于该理论视角引入具体的认知或者行为变量，这样做能够更加聚焦于应用层面。本研究借鉴这一观点，同时参考以往多位学者的做法（如：Xie 等，2019；Trougakos 等，2020；张捷等，2020），提出假设如下。

H1：职场盛名综合症对个体工作努力产生显著正向影响。

4.3.2 威胁性压力认知评价：职场盛名综合症对知识隐藏的诱发作用

压力认知评价理论认为，个体对压力源的认知评价差异将显著影响其压力应对方式（Lazarus 和 Folkman，1984；Lazarus 和 Folkman，1987）。职场盛名综合症就是个体对自身职业能力的认知高于外部对其职业能力的认知，本质上来说就是人与环境的关系失调在个体认知上的呈现，属于压力性的人与环境关系，即压力源（Lazarus 和 Folkman，1984；Folkman 等，1986）。当个体对于职场盛名综合症所表征的压力性状态评价是该压力源会阻碍自身福祉且自己对威胁性环境条件控制程度较低时，即个体把其压力认知评价结果视为威胁性压力源时，将诱发个体采取消极的或者聚焦情绪的应对方式（LePine 等，2005）。

当个体职场盛名综合症程度较高时，表明个体认为自己职业能力被高估的程度较高，也就是认为自己"名不副实"，有一种欺骗感或者不真实感（Clance 和 Imes，1978；Kolligian 和 Sternberg，1991；Badawy 等，2018；Hutchins 等，2018）。进而，职场盛名综合症容易伴随滋生的是一种害怕暴露的情绪，即害怕被外界拆穿自己的真实能力水平，被外界发现自己"名不副实"（Harvey，1981；Clance，1985；Kark 等，2022）。

那么，个体将职场盛名综合症视作威胁性压力源时，即个体认为自己的职业能力被高估的状况对自身福祉产生阻碍且自己很难克服时，其更倾向于采取的应对方式可能更聚焦于害怕暴露这一负面情绪，即当他人提出请求时，个体有意识地保留知识，表现为知识隐藏，以免被他人拆穿自己的真实能力。这一推断也在 Fang（2017）通过实证研究所得出的结论（自我参照的害怕情绪、他人参照的害怕情绪对知识隐藏产生显著正向影响）中得以验证。

压力认知评价理论指出，威胁性压力认知一般将带来消极应对方式，如回避压力性环境（Lazarus 和 Folkman，1984；LePine 等，2005），而回避动机将引发个体知识隐藏行为（Rhee 和 Choi，2017）。也就是说，个体对职场盛名综合症这一压力源的评价是该压力源将严重威胁自身福祉且自己也很难通过内部努力进行改变，这样的威胁性的评价结果将带来知识隐藏这一回避型应对方式。该推论也是对 Hutchins 等（2018）通过实证检验得出的盛名综合症对回避应对的显著正向影响这一研究结论的呼应和深化。此外，Clance 和 Imes（1978）最初提出盛名综合症的概念的那项临床心理学研究中，就有对临床样本典型行为的描述："他们选择有时候不表露自己的真实的观点或想法"。盛名综合症会对知识隐藏产生刺激作用应该是对 Clance 和 Imes（1978）经典研究的呼应。

总结来说，个体可能将职场盛名综合症所表征的压力源评价为威胁性压力源，采取知识隐藏的策略进行消极应对。本研究借鉴以往不少研究所采用的（如：Xie 等，2019；Trougakos 等，2020；张捷等，2020），同时国内学术界较为认可的做法（姜福斌和王震，2022），即不直接引入压力认知评价理论要素，而是在压力认知评价理论框架下直接将压力源和应对方式进行关联（姜福斌和王震，2022），提出假设如下。

H2：职场盛名综合症对个体知识隐藏产生显著正向影响。

4.3.3 感知动机氛围的调节作用

压力认知评价理论认为压力认知评价过程是一个动态的过程，该过程受到个体相关因素和情境相关因素的影响（Lazarus 和 Folkman，1984）。与之相呼应的是，现有研究表明情境因素显著影响压力认知评价过程（姜福斌和王震，2022），如领导风格（Arnold 和 Walsh，2015；LePine 等，2016；Liu 等，2022）、组织支持（Neves 等，2018）、参与氛围（Paškvan 等，2016）都将显著作用于个体的认知评价过程，导致个体对压力源做出挑战性或威胁性的评价结果进而采取积极的或消极的应对方式。

Nerstad 等（2013）基于成就目标理论提出感知动机氛围的概念。感知动机氛围是员工对于成功和失败的现有标准的感知，这些标准被工作环境中的政策、实践和程序所强调（Nerstad 等，2013）。也就是说，组织的政策、实践和程序所传达的重要目标或价值观生成了动机氛围，它将影响员工对取得成功或避免失败所需条件的理解，进而对员工的动机和行为产生显著影响（Nerstad 等，2013；Nerstad 等，2018）。感知动机氛围被认为将显著影响员工的目标导向，还有是否以及如何处理和加工信息（Nerstad 等，2018）。那么，对于职场盛名综合症所表征个体与环境关系的失调状态，个体如何处理和加工这一压力性信息，如何对该压力源进行认知评价，进而采用何种应对措施，将会受到个体感知动机氛围的显著影响。

感知动机氛围可以区分为两种：一个是掌握氛围，一个是绩效氛围（Ames 和 Archer，1988；Nerstad 等，2013）。掌握氛围是指个体感知到努力、分享和合作是被重视的，学习和技能的掌握是被强调的重点（Ames，1992），该动机氛围强调的是自我发展和能力建设（Nerstad 等，2013）。绩效氛围则代表个体感知到团队强调内团队竞争、社会比较和能力的公众认可（Ames 和 Archer，1988；Roberts 等，2007）。两种感知动机氛围对职场盛名综合症两条影响路径的调节作用分别阐述如下。

（1）掌握氛围对职场盛名综合症与工作努力关系的调节作用

当个体感知到的掌握氛围程度较高时，其在团队中的评价是基于自我参考的标准并聚焦于个人进步和掌握（Nerstad 等，2020），因而个体会倾向于更加关注他们的个人发展和工作进步（Zhang 等，2020）。也就是说，感知掌握氛围程度较高的个体被鼓励通过自我参考的标准来评价他们的能力和价值（Men 等，2020），他们会聚焦于通过学习和成长来获得自我发展（Wisse 等，2019）。因此，掌握氛围能够导致个体产生更强的内在动机（Nerstad 等，2013），增强个体对于工作的控制感（Buch 等，2017），增强个体的自我决定程度（Zhang 等，2020）。那么，感知掌握动机氛围较高的个体将更加有可能获取工作中挑战性的和发展性的机会（Ames 和 Ames，1984；Ommundsen 和 Kval，2007），并会倾向于通过自己的努力来提升能力和获取成就（Zhang 等，2020）。

由此，从压力认知评价理论视角出发，在掌握氛围的作用下，个体在对职场盛名综合症所表征的压力源进行初级评价时，个体更加可能发现自己能力被高估这一压力源给个人成长和发展带来的机会，也就是将其视为挑战性压力源；而在次级评价过程中，个体也更倾向于认为自己对于结果具有控制性和决定性，进一步补充支持了初级评价结果，即把盛名综合症视为挑战性，并认为能够通过自己的努力来提升自身能力，改变能力被高估的"盛名难副"状态。也就是说，掌握氛围将强化职场盛名综合症对工作努力的积极影响。提出假设如下。

H3：掌握氛围正向调节职场盛名综合症与工作努力之间的正向关系。即，与感知掌握氛围程度较低的个体相比，职场盛名综合症对感知掌握氛围程度较高的个体的工作努力影响更强。

（2）绩效氛围对职场盛名综合症与知识隐藏关系的调节作用

绩效氛围代表个体感知到内团队竞争、社会比较和能力的公众认可被强调（Ames 和 Archer，1988；Roberts 等，2007）。绩效氛围会让个体感知到一种目标—奖励的工作结构，这种工作结构鼓励个体关注表面呈现出的能力，并进行同事之间的比较（Zhang 等，2020）。当个体感知绩效氛围程度较高时，他们将感受到巨大的竞争压力以及"强制性社会比较"（Nerstad 等，2013），自己将基于他人参考的标准被评价（Nerstad 等，2020），进而他们对环境的控制感会显著削弱（Buch 等，2017），心理不安全感会显著增强，更容易产生适应不良（王成军和谢婉赢，2021）。与掌握氛围相比，绩效氛围被认为会减少个体的内在动机，降低个体自我决定水平，损害个体动机（Nerstad 等，2013）。

由此，从压力认知评价理论视角出发，首先，在绩效氛围的作用下，个体在对职场盛名综合症所表征的压力源进行初级评价时，由于个体面临巨大的竞争压力和社会比较，他人参考的成功标准被强化，那么个体会更加关注外界对自己能力评价的"虚高"程度以及可能带来的风险和威胁，更加关注一旦被外界拆穿自己"盛名难副"之后可能产生的负面结果，因此个体将更倾向于将职场盛名综合症所表征的压力源评价为威胁性压力源。其次，在绩效氛围的作用下，个体对该压力源进行次级评价时，由于个体缺乏对环境的控制感和自我决定水平较低，因此个体会倾向于认为自己无法克服压力状态，采取消极应对方式。由于个体会更聚焦于暴露自己真实能力水平可能产生的负面后果，害怕暴露的负面情绪将被加剧，个体更容易选择聚焦负面情绪的应对方式，即个体在他人提出请求时有意地保留或者隐瞒知识，表现为采取知识隐藏的消极策略。也就是说，绩效将强化职场盛名综合症对知识隐藏的正向影响。此外，绩效氛围被认为会诱发亲工作不道德行为（Zhang等，2022），并强化个体使用知识隐藏来应对消极情境所带来的心理不安全感（吴杨梓，2022），这些研究结论也支持了绩效氛围会强化个体采取知识隐藏对职场盛名综合症做出反应的推断。提出假设如下。

H4：绩效氛围正向调节职场盛名综合症与知识隐藏之间的正向关系。即，与感知绩效氛围程度较低的个体相比，职场盛名综合症对感知绩效氛围程度较高的个体的知识隐藏影响更强。

4.3.4 职场盛名综合症对职业能力发展的积极影响：工作努力的中介作用

压力认知评价理论为描述压力对个体的工作结果产生影响的差异性的过程提供了一个清晰的理论解释框架（Mitchell等，2019）。压力认知评价理论明确了个体对压力源的认知评价过程和应对过程（Lazarus和Folkman，1984），并认为这两个过程是连接压力源和工作结果的重要中介（Folkman等，1986）。具体来说，个体通过压力认知评价过程将压力源评价为挑战性或者威胁性将带来积极的、聚焦问题的应对或者消极的、聚焦情绪的应对，而不同的应对即压力反应将对工作结果产生不同的影响。

对于职场盛名综合症所表征的压力源，即个体的能力被外界高估，个体可能聚焦于该压力性情境存在的潜在机会和好处，如外界的期望被认为是成长和发展的基础（Sitkin 等，2011），可能给个体带来积极作用（Mitchell 等，2019；张捷等，2020；聂琦等，2022），并通过对现有资源的评估认为自己能够克服该压力，进而得出挑战性压力源的认知评价结果。而将自己的能力被外界高估评价为挑战性压力源，将刺激个体产生内化动机（Tewfik，2019），投入时间和精力到工作当中，即表现为工作努力。将能力被高估视作挑战性压力源所带来的工作努力行为是一种聚焦问题的压力反应，也就是说，个体投入时间和精力的目的是调和能力认知的"内""外"差异，提高自身能力的内部认知，解决"盛名难副"，实现"名副其实"。那么，个体在盛名综合症的压力作用下的工作努力具有明确的能力提升导向，这就可能促使他们掌握新的与工作有关的知识和技能，积累更丰富的工作经验，不断锻炼和提升职业能力，最终表现为职业能力发展（翁清雄和席酉民，2011）。

此外，挑战性压力源促生的应对方式会加强自我调节（Folkman 和 Lazarus，1985），即提升自我资源配置的能力（Carver 和 Scheier，1998），在工作中投入努力就是这种自我调节的典型表现（Mitchell 等，2019）。而已有研究表明，自我调节能力将对个体职业能力发展产生显著正向影响（Bonnici 和 Cassar，2019）。由此，挑战性压力源评价促进个体工作努力，实质上是一种自我调节能力的提升过程，这一过程将带来对个体职业能力发展的积极影响。还有，现有多项研究都论证和检验了工作努力与工作绩效显著正向关系（如：Markus 等，2006；聂琦等，2022；卢海陵等，2021），而工作能力与工作绩效之间存在较为显见的关联，这也进一步支撑了个体通过工作努力促进职业能力发展的推断。

归纳而言，基于压力认知评价理论，个体可能对职场盛名综合症所表征的压力源做出挑战性评价，进而促进作为积极应对方式的工作努力行为，最终对个体职业能力发展产生积极作用。提出假设如下。

H5：工作努力在职场盛名综合症和职业能力发展之间起中介作用。

4.3.5 职场盛名综合症对职业能力发展的消极影响：知识隐藏的中介作用

根据压力认知评价理论，个体会对压力源进行差异性的认知评价而引发差异性的应对方式，进而带来差异性的工作结果（Lazarus 和 Folkman，

1984；Folkman 等，1986）。也就是说，假如个体聚焦于压力性情境所带来的损害或困难，并对现有资源进行评估后认为自己无法克服压力性情境，就会做出威胁性压力评价，进而采取消极的、聚焦情绪的应对方式，最终导致消极结果（Lazarus 和 Folkman，1984；Mitchell 等，2019）。

对于盛名综合症所表征的个体工作能力外界高估这一压力性情境即压力源而言，个体可能倾向于关注自身能力不足以及一旦被拆穿所带来的危害与风险，将压力源评价为威胁性。这种威胁性评价将诱使个体采取回避、疏远等应对方式（Lazarus 和 Folkman，1984；Folkman 等，1986），聚焦于盛名综合症所伴随的害怕暴露负面情绪（Harvey，1981；Clance，1985；Kark 等，2022），当他人提出请求时有意地保留或者隐瞒知识，即表现出知识隐藏行为。

而这种应对威胁性压力源所产生的知识隐藏行为，将使得个体刻意不对外分享工作任务相关的信息、想法、专业技能（Bartol 和 Srivastava，2002；Connelly 等，2012；Peng，2013），这种行为将显著损害个体职业能力发展。首先，当个体将工作能力被高估视为威胁而采取知识隐藏行为进行应对时，基于自我知觉理论（self-perception theory），这将加强他们对环境的心理不安全感，进而无法具备足够的心理资源实现学习和持续性发展（Jiang 等，2019），而学习就是个体持续性的获取新的知识和技能以应用于工作的过程（Elliott 和 Dweck，1988），由此个体也很难在职业技能、职业知识、工作经验等方面得到进展，也就是职业能力发展受到阻碍（翁清雄和席酉民，2011）。其次，个体的知识隐藏行为被认为会导致不信任循环，形成低质量的社会交换关系（Černe 等，2014），使得个体被封闭于自己的观点和知识，而无法进入集体知识网络（Rhee 和 Choi，2017），获得新的职业技能、职业知识、工作经验的途径被减少，也就是职业能力发展被抑制（翁清雄和席酉民，2011）。

总结而言，从压力认知评价理论出发，个体将职场盛名综合症所表征的压力源做出威胁性评价而采取知识隐藏这一消极的、聚焦情绪的应对方式，将最终对个体职业能力发展产生消极影响。提出假设如下。

H6：知识隐藏在职场盛名综合症和职业能力发展之间起中介作用。

4.3.6 被感知动机氛围调节的中介效应

压力认知评价理论强调个体对压力的主观认知，而情境因素显著影响个体对压力的认知评价过程（Lazarus 和 Folkman，1984）。根据成就目标理论，感知动机氛围是指个体从工作环境中的政策、实践和程序中感知到的成功和失败的评价标准（Nerstad 等，2013）。感知动机氛围实际上就是个体从工作环境中获取到的应该关注的目标和价值（Nerstad 等，2013；Nerstad 等，2018），对个体的信息加工过程，以及动机和行为产生显著影响（Nerstad 等，2018）。由此，感知动机氛围将会影响个体如何认知职场盛名综合症所表征的压力性情境，在压力认知评价过程中如何进行信息加工，进一步如何应对压力并导致何种结果。感知动机氛围可以有两个维度：掌握氛围和绩效氛围（Nerstad 等，2013），以下分别对掌握氛围和绩效氛围对概念模型中的两条中介路径的调节作用进行假设推理。

（1）被掌握氛围调节的中介效应

掌握氛围支持努力和合作，强调学习、掌握和能力发展（Ames，1992），通过自我参考的标准来评价个体的能力和价值（Men 等，2020）。感知掌握氛围将使得个体更容易获取工作中挑战性的和发展性的机会（Ames 和 Ames，1984；Ommundsen 和 Kval，2007），产生更强的内在动机（Nerstad 等，2013），增强个体对于工作的控制感（Buch 等，2017），增强个体的自我决定程度（Zhang 等，2020），刺激个体通过自己的努力来提升能力和获取成就（Zhang 等，2020）。

由此，基于压力认知评价理论框架，首先，在掌握氛围的作用下，个体将更加可能聚焦于职场盛名综合症这一压力源所蕴含的潜在机会和利益，比如该压力源所传达的外界较高期望的积极作用（Sitkin 等，2011），并更可能认为自己能够控制压力所带来的结果，更加倾向于做出挑战性压力源评价，进而以工作努力作为积极应对方式，最终实现对职业能力发展的促进作用。其次，当个体感知到的掌握氛围程度较高时，个体会感知到工作环境所推崇的是学习、努力、掌握等价值标准（Ames，1992），个体的内在动机被强化（Nerstad 等，2013），因而个体采用工作努力来应对职场盛名综合症所表征的能力被高估的压力性情境，即投入努力来提升自身能力，以实现"名副其实"的内外能力认知均衡状态。最后，在掌握氛围的影响下，个体应对职场盛名综合症这一压力源而采取的工作努力行为具有明确的能力发展的导向而不是社会比较导向，那么职场盛名综合症通过工作努力实现个体职业能力发展的路径被加强。

总结而言，由于掌握氛围可以促进个体对于职场盛名综合症这一压力源做出挑战性认知评价，强化个体以工作努力作为积极应对方式，并加深个体工作努力到职业能力发展的导向性，因此掌握氛围正向调节职场盛名综合症通过工作努力对职业能力发展的影响。提出假设如下。

H7：掌握氛围正向调节职场盛名综合症与职业能力发展经由工作努力的间接关系。在高掌握氛围下，这一间接关系更强；反之更弱。

（2）被绩效氛围调节的中介效应

绩效氛围强调团队竞争、社会比较和能力的公众认可（Ames 和 Archer，1988；Roberts 等，2007）。感知绩效氛围导致个体内在动机受到抑制，自我决定水平降低（Nerstad 等，2013），感受到"强制性社会比较"（Nerstad 等，2013），削弱环境控制感（Buch 等，2017），引发心理不安全感，产生适应不良（王成军和谢婉嬴，2021）。

由此，基于压力认知评价理论框架，首先，在绩效氛围的影响下，由于个体承受的竞争压力和社会比较显著增强，诱发心理不安全感（王成军和谢婉嬴，2021），个体将容易受氛围影响聚焦于外界高估自己的工作能力所可能带来的风险和损害，比如更加关注一旦被外界拆穿自己"盛名难副"之后可能产生的负面影响，并由于自我决定和控制感被削弱（Nerstad 等，2013；Buch 等，2017）而认为自己很难控制能力被高估的压力性情境，更加倾向于将职场盛名综合症评价为威胁性压力源。其次，绩效氛围被认为会诱发亲工作不道德行为（Zhang 等，2022），并强化个体使用知识隐藏来应对消极情境所带来的心理不安全感（吴杨梓，2022），那么在绩效氛围的作用下，个体更可能通过知识隐藏来应对职场盛名综合症这一压力源；进一步地，在此情境下诱发的知识隐藏行为会更加强化他们对环境的心理不安全感，无法具备足够的心理资源实现学习和持续性发展（Jiang 等，2019），难以进入集体知识网络（Rhee 和 Choi，2017），最终导致职业能力发展受挫的消极结果。

总结而言，由于绩效氛围可以促进个体对于职场盛名综合症这一压力源做出威胁性认知评价，强化个体采取知识隐藏作为消极应对方式，进而导致抑制职业能力发展的负面结果，因此绩效氛围正向调节职场盛名综合症通过知识隐藏对职业能力发展的影响。提出假设如下。

H8：绩效氛围正向调节职场盛名综合症与职业能力发展经由知识隐藏的间接关系。在高绩效氛围下，这一间接关系更强；反之更弱。

4.3.7 研究假设汇总

本研究基于压力认知评价理论框架构建了研究模型，提出了八个研究假设。研究假设汇总如表 4.1 所示。

表 4.1 研究假设汇总

假设编号	假设内容
H1	职场盛名综合症对工作努力产生显著正向影响
H2	职场盛名综合症对知识隐藏产生显著正向影响
H3	掌握氛围正向调节职场盛名综合症与工作努力之间的正向关系
H4	绩效氛围正向调节职场盛名综合症与知识隐藏之间的正向关系
H5	工作努力在职场盛名综合症和职业能力发展之间起中介作用
H6	知识隐藏在职场盛名综合症和职业能力发展之间起中介作用
H7	掌握氛围正向调节职场盛名综合症与职业能力发展经由工作努力的间接关系
H8	绩效氛围正向调节职场盛名综合症与职业能力发展经由知识隐藏的间接关系

4.4 研究设计

4.4.1 研究样本与调研程序

本研究通过 Credamo 见数平台收集样本数据，该平台提供多期追踪调研服务，而通过该平台多期追踪调研收集数据的做法也被国际权威期刊所接受（如：Zhang 等，2022；Wang 等，2023）。本研究调研对象为企业员工，问卷由员工本人填写。为削弱同源偏差带来的风险，并增强变量间因果关系的论证，本研究分三阶段调研收集数据。鉴于职场盛名综合症（自变量）对工作努力、知识隐藏（中介变量）的影响作用在相对较短时间内产生，而对职业能力发展（因变量）产生影响作用需要相对较长的时间；因此，本研究将第一阶段调研和第二阶段调研的间隔时间设定为1个月，第二阶段调研与第三阶段调研的间隔时间设定为2个月。具体过程如下所述。

第一阶段数据收集时间为2022年9月10日，在见数平台数据集市中发布问卷征集被试，被试填写个人信息包括性别、年龄、学历、行业、职级、工作年限，以及填写职场盛名综合症、掌握氛围、绩效氛围量表。第一阶段共回收有效问卷1000份（注：平台后台可剔除无效问卷包括未通过认真作答检测以及所有题项单一选项，并重新进行收集）。

第二阶段数据收集时间为2022年10月，此阶段向第一阶段有效填写问卷的1000个样本发出问卷邀请，要求被试填写工作努力、知识隐藏量表。第二阶段共回收问卷880份，有效问卷867份，此轮有效问卷回收率为86.7%。

第三阶段数据收集时间为2022年12月，此阶段调研向第二阶段完成有效问卷的867个样本发出问卷邀请，要求被试填写职业能力发展量表。第三阶段共回收问卷670份，有效问卷668份，此轮有效问卷回收率为77%。三个阶段调研完成后有效问卷回收率为66.8%。

在668份有效调研样本中，行业涉及IT、金融保险、房地产、制造业、交通运输、教育培训等；性别方面，男性约占比45.66%，女性约占比54.34%；年龄方面，21岁至30岁约占比35.18%，31岁至40岁约占比56.44%，41岁至50岁约占比7.93%，51岁以上约占比0.45%；职级方面，基层约占比58.98%，中层约占比33.08%，高层约占比7.93%；工作年限方面，5年及以下约占比27.10%，6至10年约占比48.80%，11至15年约占比16.47%，16至20年约占比4.34%，21至30年约占比2.84%，31年及以上约占比0.45%；学历方面，专科占比9.13%，本科约占比77.69%，硕士研究生约占比12.13%，博士研究生约占比1.05%。样本人口统计学特征数据分布情况如表4.2所示。

表 4.2 样本人口统计学特征数据分布情况（N=668）

性别	人数	比例
男	305	45.66%
女	363	54.34%
年龄		
21 岁至 30 岁	235	35.18%
31 岁至 40 岁	377	56.44%
41 岁至 50 岁	53	7.93%
51 岁至 60 岁	3	0.45%
职级		
高层	53	7.93%
中层	221	33.08%
基层	394	58.98%
工作年限		
5 年及以下	181	27.10%
6 至 10 年	326	48.80%
11 至 15 年	110	16.47%
16 至 20 年	29	4.34%
21 至 30 年	19	2.84%
31 年及以上	3	0.45%
学历		
专科	61	9.13%
本科	519	77.69%
硕士研究生	81	12.13%
博士研究生	7	1.05%

4.4.2　变量操作性定义及测量工具

根据本研究的概念模型和研究假设，本研究需通过量表测量的变量共六个：职场盛名综合症、掌握氛围、绩效氛围、工作努力、知识隐藏、职业能力发展。

(1) 职场盛名综合症的操作性定义及测量工具

职场盛名综合症采用本研究所开发的操作性定义，即：个体在职场中主观认为自己盛名难副的典型认知表现，包括评价盛名难副、成就盛名难副、工作盛名难副。

职场盛名综合症的测量工具采用本研究所开发的九个题项测量量表，该量表采用 Likert 5 点量表，从非常不符合到非常符合，具体量表题项如表 4.3 所示。

表 4.3　职场盛名综合症测量量表题项

题项编号	题项内容
WIS1	职场中，我觉得我的能力没有别人认为的那么强
WIS2	职场中，我觉得别人高估了我的能力
WIS3	职场中，我觉得别人对我能力的评价高于我所做出的成绩
WIS4	职场中，有时候我会认为我获得的成绩是由于机缘巧合
WIS5	职场中，有时候我会觉得我做出的成绩是误打误撞
WIS6	职场中，有时候我会觉得自己获得的成绩是由于某种运气
WIS7	职场中，对于一些工作任务，我觉得我的能力是不够的
WIS8	职场中，面对一些工作机会，我觉得自己的能力达不到要求
WIS9	职场中，我会担心自己的能力跟不上工作的进展

(2) 掌握氛围的操作性定义及测量工具

感知动机氛围采用 Nerstad 等（2013）所开发的定义，即：员工对于成功和失败的现有标准的感知，这些标准被工作环境中的政策、实践和程序所强调。其中掌握氛围维度是指个体感知到努力、分享和合作是被重视的，学习和技能的掌握是被强调的重点（Ames，1992；Nerstad 等，2013）。掌握氛围的测量工具采用 Nerstad 等（2013）所开发的六个题项测量量表，该量表采用 Likert 5 点量表，从非常不符合到非常符合，具体量表题项如表 4.4 所示。

4 职场盛名综合症对职业能力发展的双刃剑效应

表4.4 掌握氛围测量量表题项

题项编号	题项内容
MC1	在我的部门或工作小组，互相合作和交流想法是被鼓励的
MC2	我的部门或工作小组重视每个个体的学习和发展。
MC3	在我的部门或工作小组，合作和知识共享是被鼓励的
MC4	在我的部门或工作小组，在整个工作进程中员工都被鼓励去尝试新的解决方法。
MC5	我的部门或工作小组的目标之一就是让每个个体都感受到他/她在工作进程中扮演重要角色
MC6	在我的部门或工作小组，在整个工作进程中每个人都有重要和清晰的工作任务

（3）绩效氛围的操作性定义及测量工具

感知动机氛围采用Nerstad等（2013）所开发的定义，即：员工对于成功和失败的现有标准的感知，这些标准被工作环境中的政策、实践和程序所强调。其中绩效氛围维度是指个体感知到团队强调内团队竞争、社会比较和能力的公众认可（Ames和Archer，1988；Roberts等，2007；Nerstad等，2013）。绩效氛围的测量工具采用Nerstad等（2013）所开发的八个题项测量量表，该量表采用Likert 5点量表，从非常不符合到非常符合，具体量表题项如表4.5所示。

表4.5 绩效氛围测量量表题项

题项编号	题项内容
PC1	在我的部门或工作小组，比其他人获得更好业绩是重要的
PC2	在我的部门或工作小组，工作业绩的衡量是建立在和同事比较的基础上的
PC3	在我的部门或工作小组，个体的业绩被拿来和同事比较
PC4	我的部门或工作小组鼓励员工之间的竞争
PC5	在我的部门或工作小组，员工被鼓励通过最优表现来获得金钱奖励
PC6	在我的部门或工作小组，唯有业绩最佳者才会被当成榜样
PC7	我的部门或工作小组鼓励内部竞争来获得最优结果
PC8	在我的部门或工作小组，员工之间存在竞争和较量

（4）工作努力的操作性定义及测量工具

本研究遵循目前学者的普遍共识，即把工作努力定义为一种受到动机影响的行为（Bandura 和 Cervone，1986；Deci 和 Ryan，1985；Locke 等，1981），代表个体在工作中投入的精力多少（Ilgen 和 Klein，1989；De Cooman 等，2009）。本研究对于工作努力的测量将借鉴以往多项研究普遍采用的做法（Mohr 和 Bitner，1995；Kuvaas 和 Dysvik，2009；Byrne 等，2005；Karatepe 等，2006；Piccolo 等，2010；聂琦等，2022），将工作努力用工作强度维度来进行衡量，采用 De Cooman 等（2009）所开发的工作强度量表，包括四个题项。该量表采用 Likert 5 点量表，从非常不符合到非常符合，具体量表题项如表 4.6 所示。

表 4.6 工作努力测量量表题项

题项编号	题项内容
WE1	我认为我是一个努力工作的人
WE2	我在我的工作中尽力做到最好
WE3	我对自己着手的工作任务投入大量的精力
WE4	在执行我的所有工作时，我都是一样的努力

（5）知识隐藏的操作性定义及测量工具

本研究对知识隐藏的概念界定为：个体当他人提出请求时有意地保留或者隐瞒知识的行为（Rhee 和 Choi，2017；Connelly 等，2012）。知识隐藏的测量工具采用 Rhee 和 Choi（2017）的四个条目量表，该量表采用 Likert 5 点量表，从非常不符合到符合，具体量表题项如表 4.7 所示。

表 4.7 知识隐藏测量量表题项

题项编号	题项内容
KH1	当同事向我提问时，我答应同事提供帮助，但是我并不真正想这么做
KH2	当同事向我提问时，我假装我并不知道答案
KH3	当同事向我提问时，即便我知道，但也说不知道
KH4	我试图隐藏创新性的解决方案和已获得的成绩

（6）职业能力发展的操作性定义及测量工具

本研究遵循翁清雄和席酉民（2011）对职业能力发展的定义，即目前的工作对个体的职业技能、职业知识、工作经验的促进程度；并采用翁清雄和席酉民（2011）所开发的职业能力发展测量量表，包括四个题项。该量表采用 Likert 5 点量表，从非常不符合到非常符合，具体量表题项如表 4.8 所示。

表 4.8 职业能力发展测量量表题项

题项编号	题项内容
PAD1	目前的工作促使我掌握新的与工作相关的技能
PAD2	目前的工作促使我不断掌握新的与工作相关的知识
PAD3	目前的工作促使我积累了更丰富的工作经验
PAD4	目前的工作促使我的职业能力得到了不断的锻炼和提升

4.4.3 统计分析方法

本研究首先通过 SPSS 26 进行信度和效度分析；其次采用 Mplus 8.3 软件进行验证性因子分析来检验模型的拟合优度；再次使用 SPSS 26 软件进行探索性因子分析实施 Harman 单因素检验，使用 Mplus 8.3 软件进行验证性因子分析来实施未测单一潜在方法因子控制法；然后使用 SPSS 26 软件进行描述性统计和相关分析；接下来用 SPSS 26 软件进行层次回归分析检验 H1 到 H4；最后用 SPSS 26 软件通过 Bootstrap 法检验 H5 到 H8。

4.5 数据分析与结果

4.5.1 信度和效度检验

本研究使用 SPSS 26 进行信度和效度分析。本研究参考张正堂等（2015）的建议，信度通过量表内部一致性信度进行衡量，具体用 Cronbach's α 系数进行检验；效度通过验证性因子分析进行检验，包括聚合效度和区分效度，聚合效度通过 AVE 值、CR 值和因子载荷系数进行判断，区分效度的检验方法是通过 AVE 值的平方根和相关分析系数进行对比。

（1）职场盛名综合症量表信度分析

职场盛名综合症量表信度分析结果如表4.9所示。量表Cronbach's α 系数为0.903，信度较好，各题项CITC值均高于0.6，项已删除的 α 系数均低于量表Cronbach's α 系数。因此可以判断职场盛名综合症量表信度较好。

表4.9 职场盛名综合症量表信度分析

题项编号	校正项总计相关性（CITC）	项已删除的 α 系数	Cronbach's α 系数
WIS1	0.730	0.887	
WIS2	0.685	0.891	
WIS3	0.671	0.892	
WIS4	0.616	0.896	
WIS5	0.625	0.895	0.903
WIS6	0.644	0.894	
WIS7	0.709	0.889	
WIS8	0.714	0.888	
WIS9	0.669	0.892	

（2）掌握氛围量表信度分析

掌握氛围量表信度分析结果如表4.10所示。量表Cronbach's α 系数为0.852，信度较好，各题项CITC值均高于0.6，项已删除的 α 系数均低于量表Cronbach's α 系数。因此可以判断掌握氛围量表信度较好。

表4.10 掌握氛围量表信度分析

题项编号	校正项总计相关性（CITC）	项已删除的 α 系数	Cronbach's α 系数
MC1	0.644	0.827	
MC2	0.623	0.830	
MC3	0.670	0.822	0.852
MC4	0.611	0.833	
MC5	0.654	0.824	
MC6	0.625	0.830	

（3）绩效氛围量表信度分析

绩效氛围量表信度分析结果如表4.11所示。量表Cronbach's α 系数为0.907，信度较好，各题项CITC值均高于0.6，项已删除的 α 系数均低于量表Cronbach's α 系数。因此可以判断绩效氛围量表信度较好。

表4.11 绩效氛围量表信度分析

题项编号	校正项总计相关性（CITC）	项已删除的 α 系数	Cronbach's α 系数
PC1	0.630	0.901	0.907
PC2	0.695	0.896	
PC3	0.702	0.895	
PC4	0.728	0.893	
PC5	0.677	0.897	
PC6	0.678	0.898	
PC7	0.783	0.888	
PC8	0.730	0.893	

（4）工作努力量表信度分析

工作努力量表信度分析结果如表4.12所示。量表Cronbach's α 系数为0.858，信度较好，各题项CITC值均高于0.6，项已删除的 α 系数均低于量表Cronbach's α 系数。因此可以判断工作努力量表信度较好。

表4.12 工作努力量表信度分析

题项编号	校正项总计相关性（CITC）	项已删除的 α 系数	Cronbach's α 系数
WE1	0.611	0.856	0.858
WE2	0.798	0.781	
WE3	0.753	0.798	
WE4	0.660	0.839	

（5）知识隐藏量表信度分析

知识隐藏量表信度分析结果如表4.13所示。量表Cronbach's α 系数为0.807，信度较好，项已删除的 α 系数均低于量表Cronbach's α 系数。因此可以判断知识隐藏量表信度较好。

表4.13 知识隐藏量表信度分析

题项编号	校正项总计相关性（CITC）	项已删除的α系数	Cronbach's α 系数
KH1	0.605	0.768	0.807
KH2	0.700	0.724	
KH3	0.639	0.754	
KH4	0.573	0.786	

（6）职业能力发展量表信度分析

职业能力发展量表信度分析结果如表4.14所示。量表Cronbach's α系数为0.825，信度较好，项已删除的α系数均低于量表Cronbach's α系数。因此可以判断职业能力发展量表信度较好。

表4.14 职业能力发展量表信度分析

题项编号	校正项总计相关性（CITC）	项已删除的α系数	Cronbach's α 系数
PAD1	0.655	0.777	0.825
PAD2	0.569	0.817	
PAD3	0.654	0.780	
PAD4	0.731	0.740	

（7）聚合效度分析

本研究对聚合效度的检验通过AVE值、CR值和因子载荷系数来进行判断。研究模型AVE值和CR值如表4.15所示，各因子的平均方差萃取AVE值和组合信度CR值均在可接受范围。

表4.15 模型AVE和CR指标结果

因子	平均方差萃取AVE值	组合信度CR值
职场盛名综合症	0.509	0.903
掌握氛围	0.491	0.853
绩效氛围	0.554	0.908

续表

因子	平均方差萃取 AVE 值	组合信度 CR 值
工作努力	0.615	0.864
知识隐藏	0.528	0.816
职业能力发展	0.552	0.830

职场盛名综合症量表的标准化因子载荷系数如表 4.16 所示。该量表的标准化因子载荷系数均在可接受范围。

表 4.16 职场盛名综合症量表的标准化因子载荷系数

潜变量	测量题项	标准化因子载荷系数
职场盛名综合症	WIS1	0.780
	WIS2	0.730
	WIS3	0.712
	WIS4	0.629
	WIS5	0.634
	WIS6	0.655
	WIS7	0.762
	WIS8	0.771
	WIS9	0.727

注：$p<0.001$。

掌握氛围量表的标准化因子载荷系数如表 4.17 所示。该量表的标准化因子载荷系数均在可接受范围。

表 4.17 掌握氛围量表的标准化因子载荷系数

潜变量	测量题项	标准化因子载荷系数
掌握氛围	MC1	0.709
	MC2	0.682
	MC3	0.741
	MC4	0.667

续表

潜变量	测量题项	标准化因子载荷系数
掌握氛围	MC5	0.722
	MC6	0.682

注：$p<0.001$。

绩效氛围量表的标准化因子载荷系数如表4.18所示。该量表的标准化因子载荷系数均在可接受范围。

表4.18 绩效氛围量表的标准化因子载荷系数

潜变量	测量题项	标准化因子载荷系数
绩效氛围	PC1	0.662
	PC2	0.718
	PC3	0.734
	PC4	0.783
	PC5	0.719
	PC6	0.709
	PC7	0.833
	PC8	0.782

注：$p<0.001$。

工作努力量表的标准化因子载荷系数如表4.19所示。该量表的标准化因子载荷系数均在可接受范围。

表4.19 工作努力量表的标准化因子载荷系数

潜变量	测量题项	标准化因子载荷系数
工作努力	WE1	0.675
	WE2	0.889
	WE3	0.824
	WE4	0.733

注：$p<0.001$。

知识隐藏量表的标准化因子载荷系数如表4.20所示。该量表的标准化因子载荷系数均在可接受范围。

4 职场盛名综合症对职业能力发展的双刃剑效应

表 4.20 知识隐藏量表的标准化因子载荷系数

潜变量	测量题项	标准化因子载荷系数
知识隐藏	KH1	0.684
	KH2	0.819
知识隐藏	KH3	0.745
	KH4	0.646

注：$p<0.001$。

职业能力发展量表的标准化因子载荷系数如表 4.21 所示。该量表的标准化因子载荷系数均在可接受范围。

表 4.21 职业能力发展量表的标准化因子载荷系数

潜变量	测量题项	标准化因子载荷系数
职业能力发展	PAD1	0.730
	PAD2	0.632
	PAD3	0.751
	PAD4	0.844

注：$p<0.001$。

综合上述指标结果判断，模型中各因子聚合效度良好。

（8）区分效度分析

模型各因子的区分效度通过 AVE 值的平方根和相关分析系数进行对比来检验，检验结果如表 4.22 所示。根据分析结果数据，各因子 AVE 平方根值均大于该因子与其他因子的相关系数绝对值，因此可以判断，模型各因子区分效度良好。区分效度分析可以进一步结合下一小节的模型拟合优度指标进行检验。

表 4.22 区分效度检验结果（N=668）

	1	2	3	4	5	6
1. 掌握氛围	0.701					
2. 绩效氛围	0.018	0.744				
3. 职场盛名综合症	0.028	0.016	0.713			
4. 工作努力	0.014	0.030	0.203	0.784		

续表

	1	2	3	4	5	6
5. 知识隐藏	0.011	0.038	0.221	0.034	0.727	
6. 职业能力发展	0.017	0.058	0.119	0.210	0.245	0.743

注：斜对角线数字为 AVE 平方根值，其他为两两相关系数绝对值。

4.5.2 模型拟合优度分析

本研究采用 Mplus 8.3 软件进行验证性因子分析来检验模型的拟合优度，并与其他替代模型进行比较，进一步检验模型的区分效度。参照 Fokkema 和 Greiff（2017）建议做法，采用 c^2、df、c^2/df、CFI、TLI、RMSEA、SRMR 七个指标综合评价模型拟合度，六因子模型与其他代替模型的拟合优度指标如表 4.23 所示。分析结果数据显示，六因子模型的拟合指标 c^2/df=2.321，CFI=0.934，TLI=0.928，SRMR=0.036，RMSEA=0.045。拟合指标 c^2/df<3，CFI 和 TLI 均大于 0.9，RMSEA 和 SRMR 均小于 0.08，均符合模型拟合要求。并且，六因子模型拟合指标显著优于其他代替模型，说明模型区分效度较好。

表 4.23 模型拟合优度分析结果（N=668）

模型	c^2	df	c^2/df	CFI	TLI	SRMR	RMSEA
六因子模型（W, M, P, W, K, P）	1264.945	545	2.321	0.934	0.928	0.036	0.045
五因子模型（W+M, P, W, K, P）	4073.209	550	7.406	0.676	0.650	0.134	0.098
四因子模型（W+M+P, W, K, P）	6833.211	554	12.334	0.423	0.380	0.177	0.130
三因子模型（W+M+P+W, K, P）	8123.820	557	14.585	0.304	0.257	0.188	0.143
二因子模型（W+M+P+W+K, P）	9028.243	559	16.151	0.221	0.171	0.196	0.151
单因子模型（W+M+P+W+K+P）	10005.218	560	17.866	0.132	0.077	0.124	0.159

注：W 代表职场盛名综合症，M 代表掌握氛围，P 代表绩效氛围，W 代表工作努力，K 代表知识隐藏，P 代表职业能力发展

4.5.3 共同方法偏差检验

根据 Podsakoff 等（2003）的建议，本研究采用 Harman 单因素检验和未测单一潜在方法因子控制法两种方法进行共同方法偏差检验。

（1）Harman 单因素检验

本研究使用 SPSS 26 软件进行探索性因子分析来实现 Harman 单因素检验。分析结果显示，未旋转的第一个因子解释的方差变异量为 22.874%。Podsakoff 等（2003）认为未旋转的第一个因子解释的方差变异量不应该超过 50%。由此，根据 Harman 单因素检验结果，可以认为本研究中变量的共同方法偏差问题不严重。

（2）未测单一潜在方法因子控制法

本研究使用 Mplus 8.3 软件进行验证性因子分析来实施未测单一潜在方法因子控制法。参考 Schermuly 和 Meyer（2016）的做法，将共同方法因子加入模型，并将共同方法因子与模型中其他潜变量之间的相关系数设定为 0，并将共同方法因子与其中任意一条题项的因子载荷固定为 1。最终对比纳入共同方法因子的模型拟合指标 CFI 和基准模型的拟合指标 CFI 发现，CFI 的变动值为 0。由此，本研究的共同方法偏差不严重。

4.5.4 描述性统计与相关分析

本研究使用 SPSS 26 软件对性别、年龄、工作年限、学历、职级、职场盛名综合症、掌握氛围、绩效氛围、工作努力、知识隐藏、职业能力发展 11 个变量进行描述性分析和相关分析，分析结果如表 4.24 所示。相关分析结果显示，职场盛名综合症与工作努力显著正相关（r=0.203，p<0.001），职场盛名综合症与知识隐藏显著正相关（r=0.221，p<0.001），工作努力与职业能力发展显著正相关（r=0.210，p<0.001），知识隐藏与职业能力发展显著负相关（r=-0.245，p<0.001）。变量之间的相关性与概念模型与研究假设基本一致。

表 4.24 描述性统计与相关分析结果（N=668）

	平均值	标准差	1	2	3	4	5	6	7	8	9	10	11
1 PAD	4.307	0.547	1										
2 MC	4.253	0.565	-0.017	1									
3 PC	3.486	0.939	0.059	0.018	1								
4 WIS	2.312	0.856	0.119**	0.028	0.016	1							
5 WE	4.31	0.595	0.210***	-0.014	0.030	0.203***	1						
6 KH	1.821	0.749	-0.245***	-0.011	0.038	0.221***	-0.034	1					
7 Gender	1.543	0.498	-0.017	0.036	-0.076*	0.082*	-0.021	-0.006	1				
8 Edu	2.051	0.502	-0.091*	-0.002	0.093*	0.064	-0.037	0.074	0.069	1			
9 Age	32.725	5.16	0.169***	0.038	0.012	0.085*	0.069	0.022	-0.037	-0.063	1		
10 Position	1.49	0.64	0.069	0.002	0.029	0.079*	0.063	0.012	-0.003	0.006	0.185***	1	
11 Year	8.547	5.008	0.107**	0.060	0.030	0.072	0.116**	-0.007	-0.057	-0.067	0.168***	0.169***	1

注：WIS 代表职场盛名综合症，MC 代表掌握氛围，PC 代表绩效氛围，WE 代表工作努力，KH 代表知识隐藏，PAD 代表职业能力发展，Age 代表年龄，Position 代表职级，Year 代表工作年限，Edu 代表学历。* 表示 p<0.05，** 表示 p<0.01，*** 表示 p<0.001。

4.5.5 假设检验

（1）分层回归分析

本研究使用 SPSS 26 通过分层回归分析检验 H1 到 H4，即检验职场盛名综合症对工作努力的影响，职场盛名综合症对知识隐藏的影响，掌握氛围对职场盛名综合症与工作努力之间的关系的调节作用，绩效氛围对职场盛名综合症与知识隐藏之间的关系的调节作用。调节作用检验前对自变量和调节变量即职场盛名综合症、工作努力、知识隐藏进行了中心化处理。分层回归分析结果如表 4.25 及表 4.26 所示。

表 4.25　因变量为工作努力分层回归分析结果（N=668）

变量	工作努力		
	模型 1	模型 2	模型 3
性别	−0.034 （−0.739）	−0.032 （−0.712）	−0.032 （−0.694）
学历	−0.047 （−1.045）	−0.047 （−1.044）	−0.045 （−0.989）
年龄	0.003 （0.729）	0.003 （0.748）	0.003 （0.766）
职级	0.026 （0.706）	0.025 （0.696）	0.026 （0.717）
工作年限	0.011* （2.273）	0.011* （2.307）	0.010* （2.245）
职场盛名综合症	0.137*** （5.151）	0.138*** （5.161）	0.137*** （5.164）
掌握氛围		−0.027 （−0.675）	−0.031 （−0.765）
交互项			0.089* （2.001）
R^2	0.056	0.057	0.062
$\triangle R^2$	0.056	0.001	0.006
F	6.552***	5.677***	5.490***

注：* 为 $p<0.05$，** 为 $p<0.01$，*** 为 $p<0.001$；括号内为 t 值。

根据表 4.25，由模型 2 可得，在控制了样本的性别、学历、年龄、职级和工作年限后，职场盛名综合症对工作努力有显著正向影响（β=0.138，p<0.001），H1 成立。由模型 3 可得，在控制了样本的性别、学历、年龄、职级和工作年限后，职场盛名综合症与掌握氛围交互项对工作努力的回归系数显著（β=0.089，p<0.05），即掌握氛围显著正向调节职场盛名综合症对工作努力的正向影响，H3 成立。

根据表 4.26，由模型 5 可得，在控制了样本的性别、学历、年龄、职级和工作年限后，职场盛名综合症对知识隐藏有显著正向影响（β=0.193，p<0.001），H2 成立。由模型 6 可得，在控制了样本的性别、学历、年龄、职级和工作年限后，职场盛名综合症与绩效氛围交互项对知识隐藏的回归系数显著（β=0.096，p<0.01），即绩效氛围显著正向调节职场盛名综合症对知识隐藏的正向影响，H4 成立。

表 4.26 因变量为知识隐藏分层回归分析结果（N=668）

变量	知识隐藏		
	模型 4	模型 5	模型 6
性别	−0.044 （−0.759）	−0.040 （−0.697）	−0.044 （−0.775）
学历	0.091 （1.604）	0.087 （1.523）	0.080 （1.411）
年龄	0.002 （0.274）	0.002 （0.269）	0.001 （0.218）
职级	−0.005 （−0.109）	−0.006 （−0.124）	−0.003 （−0.071）
工作年限	−0.003 （−0.545）	−0.003 （−0.563）	−0.004 （−0.637）
职场盛名综合症	0.193*** （5.754）	0.193*** （5.743）	0.193*** （5.765）
绩效氛围		0.022 （0.724）	0.023 （0.775）
交互项			0.096** （2.807）

4 职场盛名综合症对职业能力发展的双刃剑效应

续表

变量	知识隐藏		
	模型 4	模型 5	模型 6
R^2	0.054	0.055	0.066
$\triangle R^2$	0.054	0.001	0.011
F	6.267***	5.443***	5.798***

注：* $p<0.05$，** $p<0.01$，*** $p<0.001$；括号内为 t 值。

为更加清晰地展示掌握氛围的调节效应，掌握氛围对职场盛名综合症与工作努力关系的调节作用简单斜率如图 4.4 所示。在掌握氛围水平高一个标准差时，职场盛名综合症对工作努力的影响较强（β=0.188，p<0.001），在掌握氛围水平低一个标准差时，职场盛名综合症对工作努力的影响较弱（β=0.087，p<0.05）。

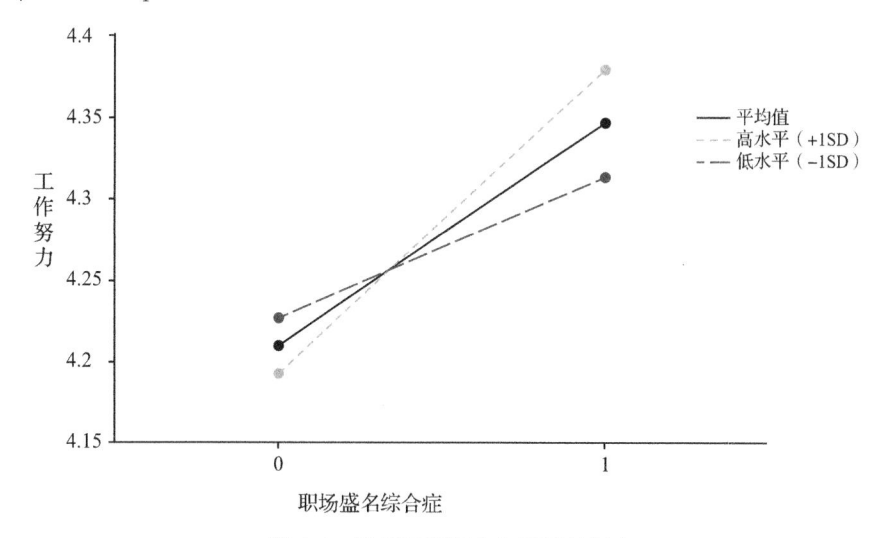

图 4.4 掌握氛围调节作用简单斜率

为更加清晰地展示绩效氛围的调节效应，绩效氛围对职场盛名综合症与知识隐藏关系的调节作用简单斜率如图 4.5 所示。在绩效氛围水平高一个标准差时，职场盛名综合症对知识隐藏的影响较强（β=0.283，p<0.001），在绩效氛围水平低一个标准差时，职场盛名综合症对知识隐藏的影响较弱（β=0.102，p<0.05）。

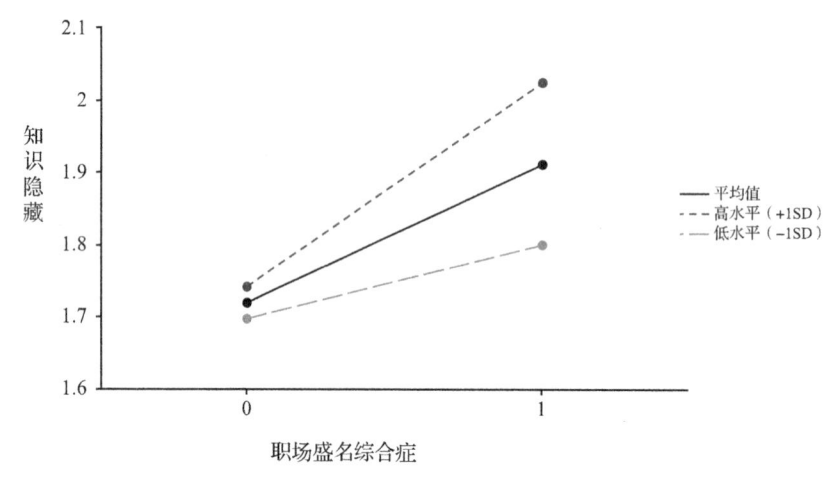

图 4.5　绩效氛围调节作用简单斜率

（2）中介作用检验

本研究采用 Bootstrap 方法检验模型的中介作用，重复抽取 5000 次，中介作用的检验结果如表 4.27 所示。检验结果显示，工作努力在职场盛名综合症与职业能力发展之间的中间作用显著（B=0.022，SE=0.011，95%CI=[0.016，0.057]），H5 成立。与此同时，知识隐藏在职场盛名综合症与职业能力发展之间的中间作用显著（B=-0.038，SE=0.015，95%CI=[-0.092，-0.032]），H6 成立。双中介作用路径系数如图 4.6 所示。

表 4.27　工作努力、知识隐藏中介效应检验结果

间接效应路径	效应值	标准误	95% 下行区间	95% 上行区间
职场盛名综合症—工作努力—职业能力发展	0.022	0.011	0.016	0.057
职场盛名综合症—知识隐藏—职业能力发展	-0.038	0.015	-0.092	-0.032

（3）被调节的中介作用检验

本研究使用 SPSS 26 软件的 Process 宏程序，采用 Bootstrap 方法进行被调节的中介作用检验，重复抽取 5000 次，检验结果如表 4.28 所示。从被调节的中介检验结果可知，在掌握氛围低一个标准差时，职场盛名综合症通过工作努力影响职业能力发展的间接效应显著（B=0.0136，SE=0.0065，

4 职场盛名综合症对职业能力发展的双刃剑效应

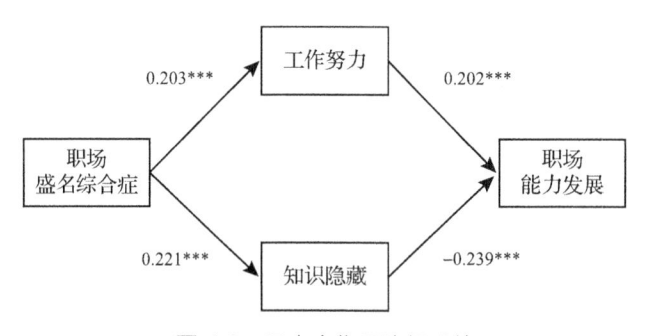

图 4.6 双中介作用路径系数

95%CI=［0.0020，0.0277］）；在掌握氛围高一个标准差时，职场盛名综合症通过工作努力影响职业能力发展的间接效应显著（B=0.0305，SE=0.0096，95%CI=［0.0139，0.0518］）；被调节的中介指标显著（B=0.0150，SE=0.0076，95%CI=［0.0031，0.0331］）。由此可得，掌握氛围显著正向调节职场盛名综合症通过工作努力影响职业能力发展，H7 成立。

与此同时，在绩效氛围低一个标准差时，职场盛名综合症通过知识隐藏影响职业能力发展的间接效应显著（B=-0.0212，SE=0.0123，95%CI=［-0.0485，-0.0006］）；在绩效氛围高一个标准差时，职场盛名综合症通过知识隐藏影响职业能力发展的间接效应显著（B=-0.0591，SE=0.0137，95%CI=［-0.0873，-0.0333］）；被调节的中介指标显著（B=-0.0202，SE=0.0078，95%CI=［-0.0353，-0.0043］）。由此可得，绩效氛围显著正向调节职场盛名综合症通过知识隐藏影响职业能力发展，H8 成立。

表 4.28 被调节的中介效应检验结果

中介效应路径	调节变量水平	效应值	标准误	95% 下行区间	95% 上行区间
职场盛名综合症—工作努力—职业能力发展	低掌握氛围（-SD）	0.0136	0.0065	0.0020	0.0277
	高掌握氛围（+SD）	0.0305	0.0096	0.0139	0.0518
	Index	0.0150	0.0076	0.0031	0.0331
职场盛名综合症—知识隐藏—职业能力发展	低绩效氛围（-SD）	-0.0212	0.0123	-0.0485	-0.0006
	高绩效氛围（+SD）	-0.0591	0.0137	-0.0873	-0.0333
	Index	-0.0202	0.0078	-0.0353	-0.0043

(4) 补充检验

作为补充检验，本研究对感知动机氛围的两个维度即掌握氛围和绩效氛围，分别在两条职场盛名综合症的双刃剑影响路径中的调节效应做了分析检验。首先使用分层回归方法检验了绩效氛围对职场盛名综合症与工作努力关系的调节作用，检验结果为绩效氛围和职场盛名综合症的交互项在工作努力为因变量的回归模型中不显著（β=0.044，p=0.108）；同时检验了掌握氛围对职场盛名综合症与知识隐藏关系的调节作用，检验结果为掌握氛围和职场盛名综合症的交互项在知识隐藏为因变量的回归模型中不显著（β=−0.039，p=0.495）。

此外，还使用 SPSS 26 软件的 Process 宏程序，采用 Bootstrap 方法对绩效氛围对职场盛名综合症通过工作努力影响职业能力发展的调节作用进行了检验，结果为不显著（被调节中介指标 B=0.0069，SE=0.0049，95%CI=[−0.0015，0.0182]）；同时，掌握氛围对职场盛名综合症通过知识隐藏影响职业能力发展的调节作用的检验结果为不显著（被调节中介指标 B=0.0084，SE=0.0167，95%CI=[−0.0253，0.0412]）。

4.6 结论与讨论

4.6.1 研究结论

本研究基于压力认知评价理论框架，构建了职场盛名综合症对职业能力发展双刃剑效应概念模型，并提出了八个研究假设且均通过实证检验成立。具体情况如表 4.29 所示。

表 4.29 假设检验结果汇总

编号	假设内容	检验结果
H1	职场盛名综合症对工作努力产生显著正向影响	支持
H2	职场盛名综合症对知识隐藏产生显著正向影响	支持
H3	掌握氛围正向调节职场盛名综合症与工作努力之间的正向关系	支持
H4	绩效氛围正向调节职场盛名综合症与知识隐藏之间的正向关系	支持
H5	工作努力在职场盛名综合症和职业能力发展之间起中介作用	支持

续表

编号	假设内容	检验结果
H6	知识隐藏在职场盛名综合症和职业能力发展之间起中介作用	支持
H7	掌握氛围正向调节职场盛名综合症与职业能力发展经由工作努力的间接关系	支持
H8	绩效氛围正向调节职场盛名综合症与职业能力发展经由知识隐藏的间接关系	支持

主要研究结论如下所述。

第一，职场盛名综合症对员工工作努力有促进作用。

第二，职场盛名综合症对员工知识隐藏有诱发作用。

第三，职场盛名综合症对员工职业能力发展具有双刃剑影响机制，具体为：职场盛名综合症通过工作努力对员工职业能力发展产生积极影响，职场盛名综合症通过知识隐藏对员工职业能力发展产生消极影响。

第四，感知动机氛围在职场盛名综合症的双刃剑影响机制中具有调节作用，具体为：掌握氛围可以增强职场盛名综合症对工作努力的促进作用，并且可以增强职场盛名综合症通过工作努力对职业能力发展的积极影响；绩效氛围可以增强职场盛名综合症对知识隐藏的刺激作用，并且可以恶化职场盛名综合症通过知识隐藏对职业能力发展的消极影响。

4.6.2 职场盛名综合症对工作努力、知识隐藏的影响

本研究基于认知评价理论视角，认为个体将职场盛名综合症评价为挑战性压力源将带来工作努力的应对行为，而个体将职场盛名综合症评价为威胁性压力源将带来知识隐藏的应对行为。实证分析结果支持了职场盛名综合症对工作努力、知识隐藏产生正向影响。

Clance 和 Imes（1978）在通过对临床样本的观察和诊断提出盛名综合症的概念之初，同时明确指出盛名综合症程度较高的个体表现出的几种典型行为特征，包括勤奋和努力，还有不对外真实展示自己的能力。本研究通过实证数据分析所得出的职场盛名综合症与工作努力、知识隐藏的关系结论，首先是与 Clance 和 Imes（1978）经典研究的对话和印证。

其次，职场盛名综合症正向影响工作努力的研究结论，与 Neureiter 和

Traut-Mattausch（2016）通过实证研究提出盛名综合症对职业努力产生正向影响的结论较为一致。此外，该研究结论与 Kark 等（2022）通过理论推演提出盛名综合症将对领导者的角色内额外努力产生正向影响的命题也比较一致。当然，该研究结论也是对压力相关研究的延展，比如对于 De Cooman 等（2013）通过实证研究得出的工作压力对工作努力显著正向影响的结论，本研究就是在职场盛名综合症这一具体情境当中做了具体剖析和印证。

最后，职场盛名综合症正向影响知识隐藏的研究结论，是将以往研究结论在压力认知评价模型中进行了链接和深化。以往研究认为职场盛名综合症容易产生害怕情绪（Harvey，1981；Clance，1985；Kark 等，2022），而害怕情绪会对知识隐藏产生诱发作用（Fang，2017），本研究结论与以上研究结论保持一致并进行了串联。此外，本研究结论也是对 Hutchins 等（2018）得出的盛名综合症对回避应对的显著正向影响的进一步深化，即采用知识隐藏这一回避应对方式来回应压力。

4.6.3 职场盛名综合症对职业能力发展的双刃剑影响机制

本研究以压力认知评价理论作为解释框架，提出职场盛名综合症对职业能力发展的双刃剑影响机制，具体为：职场盛名综合症作为压力源，工作努力、知识隐藏作为不同的认知评价过程的应对行为，员工职业能力发展作为压力结果。实证分析结果表明，职场盛名综合症通过工作努力正向影响职业能力发展，通过知识隐藏负向影响职业能力发展，即职场盛名综合症通过双中介影响路径对职业能力发展产生双面作用。

该研究结论是对现有职场盛名综合症研究的拓展和补充，是对以往极其有限的几项关于职场盛名综合症的积极效应研究的呼应（Vergauwe 等，2015；Neureiter 和 Traut-Mattausch，2016；Tewfik，2022），尤其是对仅有的探讨职场盛名综合症与职业相关结果（职业规划、职业努力、领导动机）关系的异向性（Neureiter 和 Traut-Mattausch，2016），起到进一步推动研究深入的作用。

当然，该研究结论也是对压力认知评价理论应用场景和范式的丰富和补充。职场盛名综合症是员工认为自己职业能力的"外部证据"高于"内部认知"（Clance 和 Imes，1978；Clance，1985；Clance 和 O'Toole，1987），实质上是人和环境关系的失衡状态，是典型的压力源（Folkman 等，1986），而以往鲜有应用压力认知评价理论来探索职场盛名综合症影响的研究。

还有，该研究结论较好地呼应了以往关于工作努力积极影响的相关研究结论（Markus 等，2006；聂琦等，2022；卢海陵等，2021），以及知识隐藏消极效应的相关研究结论（Jiang 等，2019；Černe 等，2014；Rhee 和 Choi，2017）。此外，该结论也是对现有极其有限的压力性情境（人工智能潜在替代风险与员工不安全感）对员工职业能力发展影响的研究结论的印证和补充（陈文晶等，2022）。

4.6.4　感知动机氛围的调节效应

本研究实证分析结果表明，感知动机氛围的两个维度即掌握氛围和绩效氛围，在职场盛名综合症对员工职业能力发展的双刃剑影响机制中起调节作用。具体来说，掌握氛围强化职场盛名综合症对工作努力的正向影响，并且强化通过工作努力对职业能力发展的正向影响；绩效氛围强化职场盛名综合症对知识隐藏的正向影响，并且强化通过知识隐藏对职业能力发展的负向影响。

以上研究结论进一步刻画了职场盛名综合症对员工职业能力发展双刃剑影响机制的边界条件，也进一步丰富了压力认知评价理论模型的应用场景和范式。当然，以上研究也进一步拓展和补充了以往研究认为掌握氛围对于刺激因素积极影响路径的强化作用的相关结论（Černe 等，2014；černe 等，2017；吴杨梓，2022；朱永跃等，2023），以及绩效氛围对于刺激因素消极影响路径的强化作用的相关研究结论（Černe 等，2014；吴杨梓，2022；宋锟泰等，2022；朱永跃等，2023）。

4.7　本章小结

本章首先对研究模型所运用的理论框架——压力认知评价理论进行了阐述，并对以往研究对于该理论的应用现状进行了归纳和综述。然后对研究所涉及的相关变量包括职业能力发展、工作努力、知识隐藏、感知动机氛围进行了概念内涵的阐释和现有研究综述，进而基于压力认知评价理论框架构建了研究模型，提出了八个研究假设。其次对职场盛名综合症对职业能力发展双刃剑影响机制的概念模型和理论假设进行实证检验，主要包括以下几个部分：第一部分是研究设计，在此部分确定了研究样本和调研程序，对研究相关变量的操作性定义进行界定并明确了测量工具，再对统计分析方法进行了阐述；第二部分是数据分析与结果，在此部分进行了信度和效度检验、模型拟合优度分析、共同方法偏差检验、描述性统计与相关分析、假设检验，展示了本研究概念模型和理论假设的定量分析具体操作过程；第三部分是结论与讨论，在此部分对实证检验的结果进行了阐述，并对研究结论进行了讨论。

5 研究结论与展望

5.1 研究结论

5.1.1 职场盛名综合症概念与内涵

本研究基于相关文献进行理论演绎，结合当前研究趋势，聚焦概念的认知属性及职场情境，在中文语境下对职场盛名综合症的概念进行界定：个体在职场中主观认为自己盛名难副的典型认知表现。本研究进一步明确，"盛名难副"实质上是一种认知差异（Tewfik，2022），也就是主观上将外界的能力证据（即"盛名"）与自身能力进行比较并得出自身能力不足的判断（即"难副"）。这一概念对以往概念内涵（Clance 和 Imes，1978；Harvey，1981；Clance，1985；Harvey 和 Katz，1985；Leary 等，2000；Tewfik，2022；Kark 等，2022）起到一定的归纳和提炼作用。在此基础上，进一步明晰了概念的内涵结构：一是评价盛名难副，即个体认为他人的评价高于自己对自己的评价，也就是认为被他人高估；二是成就盛名难副，即个体认为以往的成就是由于自己能力之外的其他因素导致，也就是不可控因素、外部因素；三是工作盛名难副，即个体认为自己的能力无法达到工作要求或期望。职场盛名综合症的内涵结构在本研究的实证检验中也得到了印证。

5.1.2 职场盛名综合症测量量表

本研究严格遵循量表开发流程，通过探索性因子分析、验证性因子分析、信度及效度检验，最终构建职场盛名综合症量表，包含三个维度："评价盛名难副""成就盛名难副""工作盛名难副"，每个维度均由三个题项构成。该量表相较以往量表具有时代性、普适性、结构合理性等优势。一是与Clance（1985）量表比较，所基于的概念内涵更加符合当前研究趋势，聚焦于概念的认知属性和职场情境（McDowell 等，2015；Neureiter 和 Traut-Mattausch，2016；Schubert 和 Bowker，2019；Tewfik，2022；Kark 等，2022）；调查样本更具有普遍性（Clance 和 Imes，1978；Clance，1985）。二是与 Tewfik（2022）单一维度量表比较，多维度结构更加契合经典研究以及现有大多数研究对于概念的阐释（Clance 和 Imes，1978；Harvey，1981；Clance，1985；Harvey 和 Katz，1985；Leary 等，2000；Bechtoldt，2015；Kark 等，2022）。该量表信度、效度良好，具有较好的预测效用，为后续相关实证研究打下基础。此外，通过预测效度检验，职场盛名综合症显著正向影响情绪耗竭和工作压力。职场盛名综合症对情绪耗竭、工作压力的影响作用检验实证了以往研究相关理论阐述（Clance 和 Imes，1978；Clance，1985；Harvey 和 Katz，1985；Kark 等，2022），由此该量表具有较好的预测效度，同时以上研究结论也为未来相关实证研究提供了证据参考。

5.1.3 职场盛名综合症对职业能力发展的双刃剑影响机制

为回应组织实践中的正向激励措施的初衷很多时候难以实现的问题（Petriglieri 和 Petriglieri，2017），本研究力图揭示职场盛名综合症这种工作能力被外界高估的与个体实际职业能力的发展之间的关系以及具体作用机制。本研究以压力认知评价理论作为解释框架，提出职场盛名综合症对职业能力发展的双刃剑影响模型，具体为：职场盛名综合症作为压力源，工作努力、知识隐藏作为不同的认知评价过程的应对行为，员工职业能力发展作为压力结果。基于模型与假设，本研究收集了668份有效样本，通过信度和效度分析、验证性因子分析、同源方法偏差检验、描述性统计与相关分析、路径分析、Bootstrap 方法等定量分析方法，最终实证分析结果表明，职场盛名综合症通过工作努力正向影响职业能力发展，职场盛名综合症通过知识隐藏负向影响职业能力发展，即职场盛名综合症通过双中介影响路径对职业能力发展产生双面作用。该研究结论拓展了研究职场盛名综合症新的理论视角，丰富和发展了职场盛名综合症理论，同时也丰富了压力认知评价理论的应用场景和范式，为后续相关研究带来启发和参考。

5.1.4 职场盛名综合症对职业能力发展影响机制的权变因素

在压力认知评价理论框架中，组织情境因素对压力认知评价及应对过程产生显著影响（Lazarus 和 Folkman，1984）。为进一步解释在何种组织可操控的情境条件之下职场盛名综合症会产生两种截然相反的影响路径，本研究引入感知动机氛围作为调节变量，认为感知动机氛围的两个维度即掌握氛围和绩效氛围，在职场盛名综合症对员工职业能力发展的双刃剑影响机制中起调节作用。本研究定量分析样本数据，结果表明：掌握氛围强化职场盛名综合症对工作努力的正向影响，并且强化通过工作努力对职业能力发展的正向影响；绩效氛围强化职场盛名综合症对知识隐藏的正向影响，并且强化通过知识隐藏对职业能力发展的负向影响。以上研究结论进一步刻画了职场盛名综合症对员工职业能力发展双刃剑影响机制的边界条件，拓展职场盛名综合症理论，同时也进一步丰富了压力认知评价理论模型的应用场景和范式。当然，以上研究结论也对感知动机氛围影响的相关研究起到一定的推进和补充作用。

5.2 理论贡献

5.2.1 拓展职场盛名综合症概念内涵和测量工具

近年来，职场盛名综合症逐渐成为组织与管理研究的前沿热点研究主题（马君和闫嘉妮，2020；马君和马兰明，2023；Tewfik，2022；Kark 等，2022）。然而职场盛名综合症相关研究还处于起步阶段（Tewfik，2022；Kark 等，2022），国内相关文献更加鲜见；不少学者指出限制职场盛名综合症研究的首要障碍就是其概念内涵探究不足（French 等，2008；Sakulku 和 Alexander，2011；Tewfik，2022；Kark 等，2022）。目前大多数研究仍然沿用半个世纪之前两位心理治疗师 Clance 和 Imes（1978）对于特定高成就职业女性群体的临床观察所得出的概念阐释，该经典研究将盛名综合症视为类特质的病理现象这一研究结论，与近年来将其界定为认知特征的研究趋势不符（Neureiter 和 Traut-Mattausch，2016；Tewfik，2022；Kark 等，2022）。近期也有部分学者明确职场情境提出了对职场盛名综合症的概念化及维度表述，然而这些构念阐述之间、与经典构念的核心特征之间，均存在较为显著的差异和分歧（Tewfik，2022；Kark 等，2022）。本研究基于职场盛名综合症最新研究趋势，通过文献演绎和现实归纳，厘清职场盛名综合症的概念和内涵，探究其结构维度，拓展深化对职场盛名综合症概念内涵，推动职场盛名综合症理论发展，对后续相关理论与实证研究具有启发和参考价值。

在现有实证研究中应用最为广泛的是 Clance（1985）在 Clance 和 Imes（1978）的研究基础上所开发的测量量表，但是由于其所基于的概念是将职场盛名综合症视作一种女性特有的类特质的病理现象，与当前研究趋势不符，可能存在活力不足的风险（Kark 等，2022）。此外，该量表还存在样本特殊性——高成就女性样本（Clance 和 Imes，1978；Clance，1985），以及应用该量表实证研究对其内部结构检验结果存在较大分歧（Mak 等，2019）。诚然，近期的 Tewfik（2019）所开发的职场盛名思维量表明确了职场情境，但是其单一维度结构与经典研究以及许多最新研究对于将职场盛名综合症视作一个多维构念（Clance 和 Imes，1978；Harvey，1981；Clance，1985；Harvey 和 Katz，1985；Leary 等，2000；马君和闫嘉妮，2020；Kark 等，2022）的观点不符，该量表可能存在并未完整描绘出职场盛名综合症概念内涵的多个面向的风险。本研究结合当前研究趋势及实证应用需要，聚焦概念的认知属性及职场情境，遵循量表开发的标准程序构建职场盛名综合症测量量表，与 Clance（1985）和 Tewfik（2019）的量表相比较，更具时代性、普适性、结构合理性，为未来实证研究对职场盛名综合症进行有效测量奠定扎实的工具基础。

5.2.2 揭示职场盛名综合症对职业能力发展的双刃剑影响机制及边界条件

职场盛名综合症在以往研究中往往被聚焦于其消极面，甚至许多研究使用负面的情感视角对其进行阐释（Tewfik，2022）。现有研究发现职场盛名综合症将对职场个体对工作满意度和组织公民行为具有破坏作用，以及对工作家庭冲突存在激化作用（Hutchins 等，2018；Vergauwe 等，2015；Vergauwe 等，2016）。目前只有十分有限的研究对其积极效应进行了探究，如可能促进持续承诺、职业努力和人际效能感知（Vergauwe 等，2015；Neureiter 和 Traut-Mattausch，2016；Tewfik，2022）。近期仅有一项研究从双刃剑效应视角，提出职场盛名综合症对工作掌握可能同时产生积极和消极的影响（Tewfik，2019）。盛名综合症在组织情境下的影响结果即具体影响机制相关研究较为匮乏且有待深入。本研究引入压力认知评价理论作为理论解释框架，刻画了职场盛名综合症对职业能力发展的双刃剑影响机制，研究结论拓展了职场盛名综合症研究新的理论视角，对职场盛名综合症理论发展有一定的推动和发展作用，与此同时也拓展和补充了压力认知评价理论的应用场景和范式，能够在一定程度上启发未来相关理论和实证研究。

压力认知评价理论框架中强调个体的压力认知评价过程会受到个体因素和情境因素的影响（Lazarus 和 Folkman，1984），以往研究也通过实证方法检验了领导风格、组织参与氛围和组织支持等组织情境因素对个体压力认知评价过程的显著影响（Arnold 和 Walsh，2015；LePine 等，2016；Liu 等，2022；Neves 等，2018；Paškvan 等，2016）。本研究基于压力认知评价理论框架，聚焦感知动机氛围的两个维度即掌握氛围和绩效氛围，考察了它们在职场盛名综合症对职业能力发展影响机制中的调节效应，拓展职场盛名综合症对职业能力发展作用的边界条件研究，对职场盛名综合症理论起到进一步的延展作用，此外也进一步丰富和补充了对压力认知评价理论的应用研究。

5.2.3 丰富员工职业能力发展形成过程研究

员工职业能力发展作为员工职业成长至关重要的衡量标准（Adams，1999；Ellstrom，1997；翁清雄和席酉民，2011），其形成因素和形成过程在组织行为研究中意义重大。相较以往研究主要关注于积极的个体特质和情境因素对职业能力发展的正向影响作用和过程，如主动性人格、核心自我评价、组织提供的职业相关支持等（Zhao 等，2016；Da Motta Veiga，2015；

Bonnici 和 Cassar，2019；Kwon 和 Cho，2019），本研究揭示了从职场盛名综合症这样一种适应不良的心理状态（Tewfik，2022），在组织的掌握氛围影响下，导致个体采取工作努力的应对方式，进而对员工职业能力发展产生积极作用。本研究结论从一定程度上补充和丰富了员工职业能力发展的形成过程和边界条件研究，对员工职业成长理论具有一定的推动和发展作用。

5.3 管理启示

5.3.1 组织需要重视和正确认识职场盛名综合症

职场盛名综合症是一种在职场中具有普遍性的个体心理特征（Buchanan，2006；Bravata 等，2019；Tewfik，2022），而且在受到组织关注的高成就的职业人群中尤为盛行（Kark 等，2022；Clance 和 Imes，1978；Clance，1985）。此外，职场盛名综合症更被认为是对组织人才管理措施失灵的重要心理解释机制（马君和闫嘉妮，2020；于李胜等，2021；马君和马兰明，2023）。本研究明确了职场盛名综合症的概念和内涵，即职场盛名综合症是个体主观上将外界的能力证据（即"盛名"）与自身能力进行比较并得出自身能力不足的判断（即"难副"），包括三个维度：评价盛名难副、成就盛名难副、工作盛名难副。本研究对职场盛名综合症对概念内涵的阐释聚焦于职场情境与认知属性，有利于组织更清晰地认知和辨别职场盛名综合症。

本研究发现职场盛名综合症对组织关心的工作行为和结果将产生显著影响，比如员工工作努力、员工知识隐藏、员工职业能力发展，以及在量表开发的预测效度检验所涉及的情绪耗竭、工作压力。其中，职场盛名综合症可能同时产生工作努力的积极效应和知识隐藏的消极效应，而职场盛名综合症对员工职业能力发展将产生双刃剑作用。因此，组织应该高度重视职场盛名综合症及其复杂影响，辩证地看待职场盛名综合症，提高人才管理的效果和效率。一方面，组织应该检视人才管理中的评价、奖励、晋升、任务安排等环节，做到"盛名"和能力相匹配；另一方面，组织对于员工的职场盛名综合症进行积极的心理疏导，引导员工进行正面认知评价，鼓励员工聚焦问题积极应对，提高自身能力，为自己和组织创造价值。

5.3.2 组织可以密切关注员工职场盛名综合症滋生情境

本研究对职场盛名综合症构念三个维度的划分，实质上就是刻画了触发职场盛名综合症生成的三种职场场景，即评价盛名难副、成就盛名难副、工作盛名难副。也就是说，组织可以密切关注评价、成就、工作任务这三个职场盛名综合症的滋生情境，一方面从滋生源头上控制职场盛名综合症的产生，另一方面从三种情境原因出发制定应对策略。

首先，组织需要密切关注组织内人际的工作能力评价，包括领导评价、同事互评等，比如领导的正向反馈可能造成员工产生职场盛名综合症（马君和闫嘉妮，2020）。组织可以引导评价结果更多对"事"更少对"人"，评价过程中加强与员工的沟通，减少员工在接受评价时对人际互动的感知偏差，抑制职场盛名综合症的产生。其次，在成就认定和奖励方面组织应该在提高结果公平性的同时，提高程序公平性和透明度，实现奖励激励客观化、动态化，削弱员工对于所获成就的归因偏差，减少诱发职场盛名综合症的因素。再次，组织在给员工提供工作机会和安排工作时，应该更加全面考量，提高匹配度，同时在员工获得晋升提拔、不熟悉任务委派时，加强适应性的技能培训和综合培养，降低员工产生职场盛名综合症的概率。

此外，组织可以使用本研究所开发适应组织情境的三维度测量量表对员工进行职场盛名综合症的测评。组织可以在人才管理的过程中，特别是在评价、成就、工作任务相关的三种具体情境下对个体进行动态测评，可以检验组织人才管理措施的有效性，并为组织动态调整人才管理策略提供可靠依据。

5.3.3 组织能够通过塑造掌握氛围引导职场盛名综合症促进员工成长

组织通过塑造掌握氛围，使员工感知到努力、合作、学习、掌握和能力发展的价值观被共享（Ames，1992），产生更强的内在动机（Nerstad等，2013），更倾向于通过学习和成长来获得自我发展（Wisse等，2019）。本研究结果表明，掌握氛围可以更大程度地促使员工对职场盛名综合症这样一种"能力被高估"的失调状态采取积极应对，化"压力"为"动力"，投入更多的时间和精力到工作当中去，克服压力并实现职业能力的显著提升。在复杂多变的组织环境下，组织被迫加快使用人才、培育人才的进度，难以避免出现对员工的阶段性"高估"，那么在此背景下，组织应该提升掌握氛围，即加大力度倡导努力、分享、合作、学习的共同价值观和行为准则，鼓励员工采用自我参考的标准衡量成败并聚焦于个人进步（Nerstad 等，2020），引领员工正面应对"被高估"带来的挑战，投入更多的时间和精力，不断学习和成长，提高技能，积累经验，最终实现自身职业能力的提升和发展，达到个人和组织的双赢。

5.3.4 组织必须警惕绩效氛围对职场盛名综合症负面影响的恶化效应

职场盛名综合症可能给员工以及组织带来严重的负面后果，这些被组织赋予"盛名"的员工有可能被组织给予的认可、机会和期望"诅咒"，职业成长、敬业度和工作表现受阻，甚至导致离职（Petriglieri J. 和 Petriglieri G.，2017）。本研究结果揭示了职场盛名综合症对员工职业成长和发展产生消极影响的边界条件，即绩效氛围会恶化员工对职场盛名综合症的威胁性评价，强化对害怕暴露真实能力水平的负面情绪的关注，进而消极以待，对组织和职业相关知识进行隐藏，产生恶性的知识交换关系，最终导致职业能力发展受挫。由此，在用人、育人进度快的组织环境中，组织应该更加警惕绩效氛围可能对职场盛名综合症消极效应的催化作用，吸取"绩效主义毁了索尼"的惨痛教训，不应过分强调团队竞争、社会比较和能力公众认可的价值标准，否则将导致员工丧失内部动机，一味追求他人参考的评价标准，对知识和技能进行隐藏，故步自封，最终无法实现职业能力发展，个人和组织的价值皆会受损。

5.3.5 组织应该加强员工职业能力发展过程管理

员工的职业能力发展不可能一蹴而就，而是一个渐进的过程（Greenhaus 等，2000；翁清雄和席酉民，2011）。由于组织快速变化，很多时候员工获得"盛名"的当下可能并没有达到组织对这种职业能力的高要求（Corley 和 Schinoff，2017；Tewfik，2019），产生职场盛名综合症。然而，本研究结果表明，职业能力的"被高估"可能是员工职业能力发展的刺激因素，也是难以避免的一种职业能力发展过程中的阶段性表现。因此，组织应该加强对员工职业能力发展过程的培育和管理，把握员工职业能力发展的动态过程，适时进行针对性的能力培育和心理辅导，在员工职业成长过程中，不仅给予认可、机会和期望，赋予"盛名"，更要以能力发展为导向，为员工"充电"和"打气"，让员工从"别人觉得我行"发展为"我确实行"，最终达到"名副其实"，为组织创造更大价值，实现个人和组织双丰收。

5.4 研究局限与未来展望

5.4.1 研究局限性

首先，尽管本研究采取了三阶段的调查问卷来收集样本数据，然而本研究数据收集采用单一来源的做法仍然存在同源偏差的风险（Podsakoff 等，2012）。不过，一项元分析研究指出，收集敏感性较强的行为数据时，聚焦来源采用自报告的做法比他人报告的做法更为准确（Carpenter 等，2017）。就本研究而言，多时点收集数据的做法可以削弱同源偏差（Tewfik，2019）；此外，根据 Podsakoff 等（2003）的建议，采用 Harman 单因素检验和未测单一潜在方法因子控制法进行检验表明本实证研究同源方法偏差不严重。后续研究可以采用多来源的方法收集样本数据，如员工职业能力发展的数据可以通过领导评价或者客观指标进行收集。

其次，本研究基于压力认知评价理论框架，构建并检验概念模型中的因果关系，将职场盛名综合症视作压力源作为自变量，将工作努力、知识隐藏视作不同压力认知评价下的压力应对作为两个并行的中介变量，将职业能力发展视作压力结果放在因变量。实证分析检验结果与压力认知评价理论框架相一致。此外，本研究的数据收集分三个阶段，第一个阶段收集自变量和调节变量数据，第二个阶段收集中介变量数据，第三个阶段收集因变量数据，这种做法能够在一定程度上加强变量间因果关系的论证。尽管如此，本研究在变量间因果关系的论证上还是存在局限性，后续研究可以通过其他方法如实验法进一步印证和探究变量间的因果关系。

5.4.2 未来研究展望

近几年，职场盛名综合症这一研究主题备受国内外主流权威期刊的关注和推崇（如：马君和闫嘉妮，2020；马君和马兰明，2023；Tewfik，2022；Kark 等，2022）。同时职场盛名综合症的学术研究还处于起步阶段，相关研究还有待深入（Tewfik，2022；Kark 等，2022），尤其是国内相关研究目前极其有限。本研究对职场盛名综合症的概念与内涵进行了探索，并开发了职场盛名综合症的测量量表，还揭示了职场盛名综合症对员工职业能力发展的作用机制及边界条件，以期对职场盛名综合症相关研究起到一定的推动作用。尽管如此，职场盛名综合症这一主题的未来研究空间较大。

第一，本研究开发的职场盛名综合症测量量表在职场情境下具有一定的普遍适用性，并未区分职场盛名综合症的主体，诸如领导者、员工等。但是也有学者提出，领导者角色由于具有"被拔高的期望、高能见度、高责任水平"的特点，盛名综合症在领导者群体中表现突出，并且领导者盛名综合症具有一定的独特性（Kark 等，2022）。未来研究可以进一步探讨领导者与员工盛名综合症的差异性，开发出聚焦于特定群体的职场盛名综合症测量量表，如领导者盛名综合症测量量表。

第二，本研究结合职场情境，阐明了职场盛名综合症的概念和内涵，解释了职场盛名综合症在个体将"外在能力证据"（评价、成就、工作）与自身能力进行比较时产生；并明确了职场盛名综合症的三个维度，其实也就是触发职场盛名综合症的三类情境，包括评价盛名难副、成就盛名难副、工作盛名难副。然而，未来研究可以进一步探究触发职场盛名综合症的具体情境因素，如领导高绩效期望、不熟悉任务、领导角色等，进一步深化职场盛名综合症的影响因素和形成机制研究。

第三，本研究基于压力认知评价理论视角来刻画职场盛名综合症对员工职业能力发展的作用机制和边界条件，未来研究可以引入其他理论视角来进一步探索职场盛名综合症对员工职业成长和发展的影响作用及具体机制，拓展其他权变因素对职场盛名综合症影响过程的调节效应，进一步揭示职场盛名综合症对个体将产生何种影响，如何产生影响，以及何种操控条件可以强化或弱化某种影响，进一步发展职场盛名综合症影响作用研究。

第四，本研究主要探讨了职场盛名综合症对个体本身的影响作用，还是停留在个体内层面。然而职场盛名综合症实际上就是个体对自己能力认知与个体对他人对自己能力看法认知的差异（Tewfik，2022），也就是说职场盛名综合症无法脱离"他人"而存在，是一种人际互动关系的表征。领导者盛名综合症具有很高的关注价值（Kark等，2022），那么领导者盛名综合症可能对下属乃至团队或组织层面产生显著影响。由此，未来研究可以将职场盛名综合症影响作用研究拓展到人际层次、团队层次甚至组织层次，如职场盛名综合症对同事的影响，领导者职场盛名综合症对下属的影响，领导者职场盛名综合症对团队或组织的影响等。

第五，本研究是在中国组织情境下展开，所开发的职场盛名综合症测量工具以及对职场盛名综合症对员工职业能力发展的作用机制研究均基于对中国企业中的个体样本分析。然而部分学者通过定性分析指出盛名综合症或将受到宏观文化因素的影响（Slank，2019），那么未来研究可以从跨文化角度出发，进行不同文化背景下的比较研究，进一步拓展职场盛名综合症理论的深度和广度。

附录一　半结构化访谈提纲

访谈时间：
访谈方式：
访谈对象：
访谈者：
记录员：

一、导语

您好！非常感谢您在百忙之中接受访问，感谢您对本研究的大力支持。本次访谈时间在30—60分钟。访谈开始前，首先向您郑重承诺：本次访谈内容仅用于学术研究，我们将对访谈内容绝对保密，请您放心。在访谈过程中，完全遵守学术伦理道德，尊重您的意愿，保护您的隐私。

二、访谈目的简介

哈佛商业评论、BBC等主流媒体都报道过，职场中普遍存在这样的一种心理感受：许多高成就的个体，即使是客观上获得成功也无法内化其成就，认为他人高估了自己的能力，认为自己"没有别人想得那么好"。诸多商界领袖和名人，包括美国前第一夫人米歇尔·奥巴马也在演讲中提及自己存在一种"盛名之下，其实难副"的心理感知。

本次深度访谈围绕以上学术前沿，主要是想了解职场中的个体面对工作任务、荣誉认可以及他人评价的心理感受，包括这些心理感受的特征和具体体现，以及这些心理感受如何形成，还有会给个体带来哪些影响。本研究拟通过此次深度访谈更加明确相关概念，开发量表，并进行后续学术研究。

三、访谈主要问题（可根据实际情况修正或增加问题）

1. 您目前的年龄、工作期限、工作经历、学历、职位是什么？
2. 您能谈谈在工作中被他人（上级、同级、下级）赞扬和认可的经历吗？
3. 您能谈谈在职场中他人（上级、同级、下级）对您工作能力的评价吗？您认为他们的评价和您对自己工作能力的评价相符合吗？
4. 您能谈谈在工作经历中的新的工作安排或者任务委派吗？在这样的情境下您的心理状态是怎样的？
5. 您能谈谈您以往获得的工作上的成功吗？您认为您工作上的成功是因为什么？
6. 曾经的工作上的成就是否影响您对工作未来的期待？您是怎么看待成功的持续性的？
7. 您觉得您获得目前的工作职位的原因是什么？您觉得您是否胜任这个职位呢？其他人（上级、同级、下级）是如何认为的呢？
8. 您在职场中是否会拿自己和周围的人进行比较？
9. 您在工作中曾经有过对自己的工作能力不自信的情况吗？
10. 您在工作中曾经有过惶恐或者忐忑的感觉吗？

四、结束语

本次访谈到此结束，您还有什么需要补充的吗？您提供的信息对本研究特别重要，感谢您对本研究的大力支持。祝您工作顺利，生活幸福！

附录二 调查问卷

研究一：探索性及验证性因子分析调查问卷

您好！感谢您抽出宝贵的时间参与本次职场心理学术研究问卷调查，本次问卷调查仅为学术研究用途，调查结果不公开，您的个人隐私将被严格保护，请根据您的真实情况作答即可，非常感谢您的耐心和支持！

Q1　性别
　　○ 男
　　○ 女

Q2　年龄（填空）
　　_____

Q3　学历
　　○ 专科
　　○ 本科
　　○ 硕士
　　○ 博士

Q4　所属行业（填空）
　　_____

Q5　您的职级

　　○ 基层

　　○ 中层

　　○ 高层

Q6　您的工作年限（填空）_____

Q7　职场中，我觉得我的能力没有别人认为的那么强。（非常不符合，非常符合）

　　○1　○2　○3　○4　○5

Q8　职场中，我觉得别人高估了我的能力。（非常不符合，非常符合）

　　○1　○2　○3　○4　○5

Q9　职场中，我觉得别人对我能力的评价高于我所做出的成绩。（非常不符合，非常符合）

　　○1　○2　○3　○4　○5

Q10　职场中，有时候我觉得我所获得的荣誉、赞扬和认可并不是我应得的。（非常不符合，非常符合）

　　○1　○2　○3　○4　○5

Q11　职场中，我觉得自己没有别人认为的那么够格。（非常不符合，非常符合）

　　○1　○2　○3　○4　○5

Q12　职场中，我担心我做不到别人期待的那么好。（非常不符合，非常符合）

　　○1　○2　○3　○4　○5

Q13　职场中，有时候我会认为我获得的成绩是由于机缘巧合。（非常不符合，非常符合）

　　○1　○2　○3　○4　○5

Q14　职场中，我确信我目前取得的成就源自我真正的能力。（非常不符合，非常符合）

　　○1　○2　○3　○4　○5

Q15 职场中，有时候我会觉得我做出的成绩是误打误撞。（非常不符合，非常符合）

　　　　○1　　○2　　○3　　○4　　○5

Q16 职场中，有时候我会觉得自己获得的成绩是由于某种运气。（非常不符合，非常符合）

　　　　○1　　○2　　○3　　○4　　○5

Q17 职场中，有时候我会觉得自己的能力水平达不到职位要求。（非常不符合，非常符合）

　　　　○1　　○2　　○3　　○4　　○5

Q18 职场中，对于一些工作任务，我觉得我的能力是不够的。（非常不符合，非常符合）

　　　　○1　　○2　　○3　　○4　　○5

Q19 职场中，面对一些工作机会，我觉得自己的能力达不到要求。（非常不符合，非常符合）

　　　　○1　　○2　　○3　　○4　　○5

Q20 职场中，我会担心其他人能力变强，自己却没有进步。（非常不符合，非常符合）

　　　　○1　　○2　　○3　　○4　　○5

Q21 职场中，我会担心自己的能力跟不上工作的进展。（非常不符合，非常符合）

　　　　○1　　○2　　○3　　○4　　○5

研究一：量表预测效度分析调查问卷

您好！感谢您抽出宝贵的时间参与本次职场心理学术研究问卷调查，本次问卷调查仅为学术研究用途，调查结果不公开，您的个人隐私将被严格保护，请根据您的真实情况作答即可，非常感谢您的耐心和支持！

Q1 性别

　　○男

　　○女

Q2　年龄（填空）

　　_____

Q3　学历
　　○ 专科
　　○ 本科
　　○ 硕士
　　○ 博士

Q4　所属行业（填空）

　　_____

Q5　您的职级
　　○ 基层
　　○ 中层
　　○ 高层

Q6　您的工作年限（填空）

　　_____

Q7　职场中，我觉得我的能力没有别人认为的那么强。（非常不符合，非常符合）
　　○1　○2　○3　○4　○5

Q8　职场中，我觉得别人高估了我的能力。（非常不符合，非常符合）
　　○1　○2　○3　○4　○5

Q9　职场中，我觉得别人对我能力的评价高于我所做出的成绩。（非常不符合，非常符合）
　　○1　○2　○3　○4　○5

Q10　职场中，有时候我会认为我获得的成绩是由于机缘巧合。（非常不符合，非常符合）
　　○1　○2　○3　○4　○5

Q11　职场中，有时候我会觉得我做出的成绩是误打误撞。（非常不符合，非常符合）
　　○1　○2　○3　○4　○5

Q12　职场中,有时候我会觉得自己获得的成绩是由于某种运气。(非常不符合,非常符合)

○1　　○2　　○3　　○4　　○5

Q13　职场中,对于一些工作任务,我觉得我的能力是不够的。(非常不符合,非常符合)

○1　　○2　　○3　　○4　　○5

Q14　职场中,面对一些工作机会,我觉得自己的能力达不到要求。(非常不符合,非常符合)

○1　　○2　　○3　　○4　　○5

Q15　职场中,我会担心自己的能力跟不上工作的进展。(非常不符合,非常符合)

○1　　○2　　○3　　○4　　○5

Q16　在工作中,我害怕别人发现我的能力不如他们认为的那样。(非常不符合,非常符合)

○1　　○2　　○3　　○4　　○5

Q17　在工作中,我害怕自己的工作能力被质疑。(非常不符合,非常符合)

○1　　○2　　○3　　○4　　○5

Q18　工作让我感觉身心都非常疲惫。(非常不符合,非常符合)

○1　　○2　　○3　　○4　　○5

Q19　下班的时候我感觉精疲力竭。(非常不符合,非常符合)

○1　　○2　　○3　　○4　　○5

Q20　早晨起床,想到不得不去面对一天的工作时,我感觉非常累。(非常不符合,非常符合)

○1　　○2　　○3　　○4　　○5

Q21　整天工作对我来说确实压力很大。(非常不符合,非常符合)

○1　　○2　　○3　　○4　　○5

Q22　工作让我有快要崩溃的感觉。(非常不符合,非常符合)

○1　　○2　　○3　　○4　　○5

Q23 我的工作极具压力。(非常不符合,非常符合)
　　○1　○2　○3　○4　○5

Q24 工作中很少没有压力的事情。(非常不符合,非常符合)
　　○1　○2　○3　○4　○5

Q25 对于我的职业,感到压力巨大。(非常不符合,非常符合)
　　○1　○2　○3　○4　○5

研究二：第一阶段调查问卷

您好！感谢您抽出宝贵的时间参与本次职场心理学术研究问卷调查，本次问卷调查仅为学术研究用途，调查结果不公开，您的个人隐私将被严格保护，请根据您的真实情况作答即可，非常感谢您的耐心和支持！

Q1　性别
　　○ 男
　　○ 女

Q2　年龄（填空）
　　_____

Q3　学历
　　○ 专科
　　○ 本科
　　○ 硕士
　　○ 博士

Q4　所属行业（填空）
　　_____

Q5　您的职级
　　○ 基层
　　○ 中层
　　○ 高层

Q6　您的工作年限（填空）
　　_____

Q7　职场中，我觉得我的能力没有别人认为的那么强。（非常不符合，非常符合）
　　○1　　○2　　○3　　○4　　○5

Q8　职场中，我觉得别人高估了我的能力。（非常不符合，非常符合）
　　○1　　○2　　○3　　○4　　○5

Q9　职场中，我觉得别人对我能力的评价高于我所做出的成绩。（非常

不符合，非常符合）

○1　○2　○3　○4　○5

Q10　职场中，有时候我会认为我获得的成绩是由于机缘巧合。（非常不符合，非常符合）

○1　○2　○3　○4　○5

Q11　职场中，有时候我会觉得我做出的成绩是误打误撞。（非常不符合，非常符合）

○1　○2　○3　○4　○5

Q12　职场中，有时候我会觉得自己获得的成绩是由于某种运气。（非常不符合，非常符合）

○1　○2　○3　○4　○5

Q13　职场中，对于一些工作任务，我觉得我的能力是不够的。（非常不符合，非常符合）

○1　○2　○3　○4　○5

Q14　职场中，面对一些工作机会，我觉得自己的能力达不到要求。（非常不符合，非常符合）

○1　○2　○3　○4　○5

Q15　职场中，我会担心自己的能力跟不上工作的进展。（非常不符合，非常符合）

○1　○2　○3　○4　○5

Q16　在我的部门或工作小组，互相合作和交流想法是被鼓励的。（非常不符合，非常符合）

○1　○2　○3　○4　○5

Q17　我的部门或工作小组重视每个个体的学习和发展。（非常不符合，非常符合）

○1　○2　○3　○4　○5

Q18　在我的部门或工作小组，合作和知识共享是被鼓励的。（非常不符合，非常符合）

○1　○2　○3　○4　○5

Q19 在我的部门或工作小组,在整个工作进程中员工都被鼓励去尝试新的解决方法。(非常不符合,非常符合)

　　○1　　○2　　○3　　○4　　○5

Q20 我的部门或工作小组的目标之一就是让每个个体都感受到他/她在工作进程中扮演重要角色。(非常不符合,非常符合)

　　○1　　○2　　○3　　○4　　○5

Q21 在我的部门或工作小组,在整个工作进程中每个人都有重要和清晰的工作任务。(非常不符合,非常符合)

　　○1　　○2　　○3　　○4　　○5

Q22 在我的部门或工作小组,比其他人获得更好业绩是重要的。(非常不符合,非常符合)

　　○1　　○2　　○3　　○4　　○5

Q23 在我的部门或工作小组,工作业绩的衡量是建立在和同事比较的基础上的。(非常不符合,非常符合)

　　○1　　○2　　○3　　○4　　○5

Q24 在我的部门或工作小组,个体的业绩被拿来和同事比较。(非常不符合,非常符合)

　　○1　　○2　　○3　　○4　　○5

Q25 我的部门或工作小组鼓励员工之间的竞争。(非常不符合,非常符合)

　　○1　　○2　　○3　　○4　　○5

Q26 在我的部门或工作小组,员工被鼓励通过最优表现来获得金钱奖励。(非常不符合,非常符合)

　　○1　　○2　　○3　　○4　　○5

Q27 在我的部门或工作小组,唯有业绩最佳者才会被当成榜样。(非常不符合,非常符合)

　　○1　　○2　　○3　　○4　　○5

Q28 我的部门或工作小组鼓励内部竞争来获得最优结果。(非常不符合,非常符合)

　　○1　　○2　　○3　　○4　　○5

Q29　在我的部门或工作小组，员工之间存在竞争和较量。（非常不符合，非常符合）

○1　　○2　　○3　　○4　　○5

研究二：第二阶段调查问卷

您好！感谢您抽出宝贵的时间参与本次职场心理学术研究问卷调查，本次问卷调查仅为学术研究用途，调查结果不公开，您的个人隐私将被严格保护，请根据您的真实情况作答即可，非常感谢您的耐心和支持！

Q1　我认为我是一个努力工作的人。（非常不符合，非常符合）

○1　　○2　　○3　　○4　　○5

Q2　我在我的工作中尽力做到最好。（非常不符合，非常符合）

○1　　○2　　○3　　○4　　○5

Q3　我对自己着手的工作任务投入大量的精力。（非常不符合，非常符合）

○1　　○2　　○3　　○4　　○5

Q4　在执行我的所有工作时，我都是一样的努力。（非常不符合，非常符合）

○1　　○2　　○3　　○4　　○5

Q5　当同事向我提问时，我答应同事提供帮助，但是我并不真正想这么做。（从不，总是）

○1　　○2　　○3　　○4　　○5

Q6　当同事向我提问时，我假装我并不知道答案。（从不，总是）

○1　　○2　　○3　　○4　　○5

Q7　当同事向我提问时，即便我知道，但也说不知道。（从不，总是）

○1　　○2　　○3　　○4　　○5

Q8　我试图隐藏创新性的解决方案和已获得的成绩。（从不，总是）

○1　　○2　　○3　　○4　　○5

研究二：第三阶段调查问卷

您好！感谢您抽出宝贵的时间参与本次职场心理学术研究问卷调查，本次问卷调查仅为学术研究用途,调查结果不公开,您的个人隐私将被严格保护,请根据您的真实情况作答即可,非常感谢您的耐心和支持!

Q1 目前的工作促使我掌握新的与工作相关的技能。(非常不符合,非常符合)

○1　　○2　　○3　　○4　　○5

Q2 目前的工作促使我不断掌握新的与工作相关的知识。(非常不符合,非常符合)

○1　　○2　　○3　　○4　　○5

Q3 目前的工作促使我积累了更丰富的工作经验。(非常不符合,非常符合)

○1　　○2　　○3　　○4　　○5

Q4 目前的工作促使我的职业能力得到了不断的锻炼和提升。(非常不符合,非常符合)

○1　　○2　　○3　　○4　　○5

参考书目

[1] 曹元坤，张倩，祝振兵，等.基于扎根理论的团队追随研究：内涵、结构与形成机制 [J].管理评论，2019，31（11）：147-160.

[2] 陈丽芳，付博，于桂兰.协同工作设计能缓解组织知识隐藏"困境"吗——基于防御型与促进型心理所有权视角 [J].科技进步与对策，2022，39（15）：99-109.

[3] 陈文晶，康彩璐，杨玥，等.人工智能潜在替代风险与员工职业能力发展：基于员工不安全感视角 [J].中国人力资源开发，2022，39（01）：84-97.

[4] 程豹，夏天添，罗文豪.团队内领地行为如何降低团队创新效率：团队知识隐藏的中介作用和道德型领导的调节作用 [J].管理评论，2023，35（03）：61-70.

[5] 胡晓龙，马安妮."不误正业"的员工反而"不务正业"？——多任务时间取向对时间侵占行为的影响研究 [J].上海大学学报（社会科学版），2021，38（5），110-122.

[6] 姜福斌，王震.压力认知评价理论在管理心理学中的应用：场景、方式与迷思 [J].心理科学进展，2022，30（12）：2825-2845.

[7] 李彬.案例研究法 // 王永贵主编.管理研究方法：理论.前沿与操

作[M].北京：中国人民大学出版社，2023.

[8] 李宗波，李锐.挑战性—阻碍性压力源研究述评[J].外国经济与管理，2013，35（5）：40-49.

[9] 李超平，时勘.分配公平与程序公平对工作倦怠的影响[J].心理学报，2003（5）：677-684.

[10] 梁建，谢家琳.实地研究中的问卷调查法//陈晓萍，沈伟.组织管理研究中的实证方法[M].北京：北京大学出版社，2018.

[11] 刘丽丹，王忠军.职业使命感如何促进大学教师职业成功：工作努力与目标承诺的链式中介作用[J].心理研究，2021，14（01）：59-68.

[12] 刘新梅，陈超.团队动机氛围对团队创造力的影响路径探析——基于动机性信息加工视角[J].科学学与科学技术管理，2017，38（10）：170-180.

[13] 卢海陵，杨洋，王永丽，等."激将法"会激发还是打击员工？感知能力不被领导信任的"双刃剑"效应[J].心理学报，2021，53（12）：1376-1392.

[14] 罗文豪.问卷调查法与常见统计分析//王永贵等.管理研究方法[M].北京：中国人民大学出版社，2023.

[15] 马君，马兰明.明星员工的社交悖论：毁方瓦合还是卓尔不群？[J/OL].南开管理评论：1-17[2023-09-19].http：//kns.cnki.net/kcms/detail/12.1288.F.20230116.1122.001.html.

[16] 马君，闫嘉妮.正面反馈的盛名综合症效应：正向激励何以加剧绩效报酬对创造力的抑制？[J].管理世界，2020，36（01）：105-121+237.

[17] 马君，朱梦霆，杨亚萍.寄予厚望的明星员工何以乏善可陈：基于心理框架与表现目标导向的解释[J].中国人力资源开发，2022，39（10）：47-63.

[18] 聂琦，张捷，陆渊等.领导高绩效期望的双面性：趋近—回避理论视角[J].管理工程学报，2022，36（01）：53-63.

[19] 潘伟，张庆普.感知的知识所有权对知识隐藏的影响机理研究——基于知识权力视角的分析[J].研究与发展管理，2016，28（03）：25-46.

[20] 史烽，王兆庆，袁胜军.上下级交换关系矛盾体验与知识隐藏：基

于矛盾放大理论 [J]. 中国人力资源开发，2021，38（11）：94-105.

[21] 宋锟泰，刘升阳，刘晗，等.发展型工作挑战会激发创新绩效吗？——基于系统特质激活理论的跨层次影响机制研究 [J]. 管理评论，2022，34（06）：226-242.

[22] 覃大嘉，曹乐乐，施怡，等.职业能力、工作重塑与创新行为——基于阴阳和谐认知框架 [J]. 外国经济与管理，2020，42（11）：48-63.

[23] 王成军，谢婉赢.组织动机氛围对员工知识隐藏行为的影响 [J]. 科技进步与对策，2021，38（21）：101-107.

[24] 王庆娟，朱征，张金成，等.晋升公平概念及效用机制的探索——一项质性研究 [J/OL]. 南开管理评论：1-21[2023-10-01].http：//kns.cnki.net/kcms/detail/12.1288.f.20210922.1949.004.

[25] 汪光炜.培养还是利用？工作过载对员工工作努力和离职意愿的双刃剑效应 [D]. 兰州大学，2023.

[26] 韦荷琳，冯仁民.组织支持对员工创造力的影响机制研究——基于工作不安全情境 [J]. 领导科学，2021，10：64-67.

[27] 文宗川，王慧，王科唯，等.知识隐藏的发展逻辑：一个文献综述 [J]. 科技进步与对策，2022，39（18）：150-160.

[28] 翁清雄，席酉民.企业员工职业成长研究：量表编制和效度检验 [J]. 管理评论，2011，23（10）：132-143.

[29] 吴杨梓.领导风格对员工知识隐藏行为的影响：心理安全感的中介效应和动机氛围的调节效用 [J]. 重庆大学学报（社会科学版），2022，28（03）：128-141.

[30] 杨陈，张露.员工自恋对知识隐藏的双刃剑效应 [J]. 管理评论，2021，33（03）：192-201.

[31] 殷航.职场幽默攻击对员工知识隐藏的影响机制研究 [J]. 山东社会科学，2021（10）：132-139.

[32] 于李胜，蓝一阳，王艳艳.盛名难副：明星 CEO 与负面信息隐藏 [J]. 管理科学学报，2021，24（5）：70-86.

[33] 于永达，薛莹.差序式领导对下属知识隐藏行为的影响 [J/OL]. 软科学：1-12[2023-08-09].http：//kns.cnki.net/kcms/detail/51.1268.

G3.20221026.0933.006.html.

[34] 余传鹏，黎展锋，叶宝升.自我决定理论视角下真实型领导对员工知识隐藏行为的影响[J].海南大学学报（人文社会科学版），2023，41（03）：148-160.

[35] 张捷，聂琦，王震.领导高绩效要求对员工绩效的"双刃剑"效应：压力认知评价理论视角[J].华南师范大学学报（社会科学版），2020，6：142-157.

[36] 张正堂，李倩，丁明智，等.自我感觉好的人会更愿意努力吗？——可选择的薪酬情景下一般自我效能对个体努力意愿的影响[J].经济管理，2015，37（11）：134-144.

[37] 张露.团队工作重塑的量表开发、形成与作用机制研究[D].成都：西南财经大学，2022.

[38] 赵红丹，刘微微.知识隐藏：基于知识图谱的研究述评[J].外国经济与管理，2020，42（05）：121-138.

[39] 赵莉，黄月月.情感型领导对员工知识隐藏的影响机制研究[J].科学学与科学技术管理，2022，43（07）：167-182.

[40] 赵玉田，焦育琛，蒋俏.自我牺牲型领导对员工工作努力的双刃剑效应：领导认同与领导虚伪的作用[J].中国人力资源开发，2022，39（05）：43-56.

[41] 朱永跃，时锐，欧阳晨慧.平台型领导对员工越轨创新行为的影响：责任知觉与团队动机氛围的作用[J].科技进步与对策，2023，40（13）：131-140.

[42] Adams G.A.. Career-related variables and planned retirement age: An extension of Beehr's Model [J]. Journal of Vocational Behavior, 1999, 55（2）: 221-235.

[43] Ahmed A., Liang D., Anjum M.A., et al. Does dignity matter? The effects of workplace dignity on organization-based self-esteem and discretionary work effort [J]. Current Psychology, 2023, 42: 4732-4743.

[44] Akkermans J., Brenninkmeijer V., Huibers M., et al. Competencies for the contemporary career: Development and preliminary validation of the career

competencies questionnaire [J]. Journal of Career Development, 2013, 40 (3): 245-267.

[45] Aljawarneh N.M.S., Atan T.. "Linking tolerance to workplace incivility, service innovative, knowledge hiding, and job search behavior: the mediating role of employee cynicism" [J]. Negotiation and Conflict Management Research, 2018, 11 (4): 298-320.

[46] Ames C. Competitive, cooperative, and individualistic goal structures: A cognitive-motivational analysis. In R.E. Ames & C. Ames (Eds.), Research on Motivation in Education (Vol. 1, pp. 177-207) [M]. Orlando, FL: Academic Press, Inc, 1984.

[47] Ames C.. Achievement goals, motivational climate, and motivational processes[M]. G. C, 1992.

[48] Ames C., Archer J.. Achievement goals in the classroom: Students' learning strategies and motivation processes [J]. Journal of Educational Psychology, 1988, 80: 260-267.

[49] Ames C., Ames R.. Goal structures and motivation [J]. The Elementary School Journal, 1984, 85: 39-52.

[50] Anand Amitabh, Florian Offergelt, Payal Anand. Knowledge hiding—A systematic review and research agenda [J]. Journal of Knowledge Management, 2022, 26 (6): 1438-1457.

[51] Anand A., Centobelli P., Cerchione R. Why should I share knowledge with others? A review-based framework on events leading to knowledge hiding [J]. Journal of Organizational Change Management, 2020, 33 (2): 379-399.

[52] Anakwe U.P., Hall, J.C., Schor, S.M.. Knowledge-related skills and effective career management [J]. International Journal of Manpower, 2000, 21: 566-579.

[53] Andel S.A., Kessler S.R., Pindek S., et al. Is cyberloafing more complex than we originally thought? Cyberloafing as a coping response to workplace aggression exposure [J]. Computers in Human Behavior, 2019, 101: 124-130.

[54] Arain G.A., Bhatti Z.A., Ashraf N., et al. Top-down knowledge hiding

in organizations: An empirical study of the consequences of supervisor knowledge hiding among local and foreign workers in the Middle East [J]. Journal of Business Ethics, 2020, 164: 611-625.

[55] Arnold K.A., Walsh M.M.. Customer incivility and employee well-being: Testing the moderating effects of meaning, perspective taking and transformational leadership [J]. Work & Stress, 2015, 29 (4): 362-378.

[56] Arnold J., Clark M.. Running the penultimate lap of the race: A multi-method analysis of growth, generativity, career orientation, and personality amongst men in mid/late career [J]. Journal of Occupational and Organizational Psychology, 2016, 89: 308-329.

[57] Aronson E.. Back to the future: A retrospective review of Leon Festinger's Theory of Cognitive Dissonance [J]. American Journal of Psychology, 1997, 110: 127-137.

[58] Arshad R., Ismail I.R.. Workplace incivility and knowledge hiding behavior: does personality matter? [J]. Journal of Organizational Effectiveness: People and Performance, 2018, 5 (3): 278-288.

[59] Arthur M.B., Hall D.T., Lawrence B.S.. Generating new directions in career theory: The case for a transdisciplinary approach [A]. In ArthurM B, Hall D T Lawrence B Seds Handbook of Career Theory [C]. Cambridge: Cambridge University Press, 1989: 7-25.

[60] Asgari E., Hunt R.A., Lerner D.A., et al. Red giants or black holes? The antecedent conditions and multilevel impacts of star performers [J]. Academy of Management Annals, 2021, 15 (1): 223-265.

[61] Austin C.C., Clark E.M., Ross M.J., et al. Impostorism as a mediator between survivor guilt and depression in a sample of African American college students [J]. College Student Journal, 2009, 43 (4): 94-109.

[62] Badawy R.L., Gazdag B.A., Bentley J.R., et al. Are all impostors created equal? Exploring gender differences in the impostor phenomenon-performance link [J]. Personality and Individual Differences, 2018, 131 (6): 156-163.

[63] Bandura A.. Social foundations of thought and action: A social-cognitive

view [M]. Englewood Cliffs, NJ: Prentice Hall, 1986.

[64] Bandura A., Cervone D.. Differential engagement of self-reactive influences in cognitive motivation [J]. Organizational Behavior and Human Decision Processes, 1986, 38: 92-113.

[65] Barber L.K., Rupprecht E.A., Munz D.C.. Sleep habits may undermine well-being through the stressor appraisal process [J]. Journal of Happiness Studies, 2014, 15 (2): 285-299.

[66] Bartol K., Srivastava A.. Encouraging knowledge sharing: The role of organizational reward systems [J]. Journal of Leadership and Organization Studies, 2002, 19: 64-76.

[67] Bechtoldt M.N.. Wanted: Self-doubting employees-managers scoring positively on impostorism favor insecure employees in task delegation [J]. Personality and Individual Differences, 2015, 86 (3): 482-486.

[68] Belschak F.D., Den Hartog D.N., De Hoogh A.H.. Angels and demons: The effect of ethical leadership on Machiavellian employees' work behaviors [J]. Frontiers in psychology, 2018, 9: 1082.

[69] Bernard D.L., Lige Q.M., Willis H.A., et al. Impostor phenomenon and mental health: The influence of racial discrimination and gender [J]. Journal of Counseling Psychology, 2017, 64 (3): 155-166.

[70] Bidee J., Vantilborgh T., Pepermans R., et al. Autonomous motivation stimulates volunteers' work effort: A self-determination theory [J]. Approach to Volunteerism, 2013, 24: 32-47.

[71] Bogilović S., Černe M., Škerlavaj M.. Hiding behind a mask? Cultural intelligence, knowledge hiding, and individual and team creativity [J]. European Journal of Work and Organizational Psychology, 2017, 26 (5): 710-723.

[72] Bonnici C., Cassar V.. The implications of contextual realities on career development: The specific case of university research managers and administrators in small island states [J]. Journal of Career Development, 2019, 5: 1-14.

[73] Brauer K., Wolf A..Validation of the German-language Clance impostor phenomenon scale (GCIPS) [J]. Personality and Individual Differences, 2016,

102（3）：153-158.

[74] Bravata D.M., Watts S.A., Keefer A.L., et al. Prevalence, predictors, and treatment of impostor syndrome: A systematic review [J]. Journal of General Internal Medicine, 2019, 35（6）: 1252-1275.

[75] Brewer N.. The effects of monitoring individual and group performance on the distribution of effort across tasks [J]. Journal of Applied Psychology, 1995, 25（9）: 760-777.

[76] Briscoe J.P., Hall D.T.. The interplay of boundaryless and protean careers: Combinations and implications [J]. Journal of Vocational Behavior, 2006, 69: 4-18.

[77] Briscoe J.P., Hall D.T., DeMuth R.L.F.. Protean and boundaryless careers: An empirical exploration [J]. Journal of Vocational Behavior, 2006, 69: 30-47.

[78] Brown S.P., Leigh T.W.. A new look at psychological climate and its relationship to job involvement, effort, and performance [J]. Journal of Applied Psychology, 1996, 81: 358-368.

[79] Brown S.P., Peterson R.A.. The effect of effort on sales performance and job satisfaction [J]. Journal of Marketing, 1994, 58: 70-80.

[80] Buch R., Nerstad C.G., Säfvenbom R.. The interactive roles of mastery climate and performance climate in predicting intrinsic motivation [J]. Scandinavian Journal of Medicine & Science in Sports, 2017, 27（2）: 245-253.

[81] Buchanan L.. The impostor syndrome: Why do so many successful entrepreneurs feel like fakes?. Inc.com, 2006.

[82] Burmeister A., Fasbender U., Gerpott F.H.. Consequences of knowledge hiding: The differential compensatory effects of guilt and shame [J]. Journal of Occupational and Organizational Psychology, 2019, 92（2）: 281-304.

[83] Butt A.S., Ahmad A.B. Are there any antecedents of top-down knowledge hiding in firms? Evidence from the United Arab Emirates [J]. Journal of Knowledge Management, 2019, 23（8）: 1605-1627.

[84] Byrne Z.S., Stoner J., Thompson K.R., et al. The interactive effects of

conscientiousness, work effort, and psychological climate on job performance [J]. Journal of Vocational Behavior, 2005, 66: 326-338.

[85] Carpenter N.C., Rangel B., Jeon G., et al. Are supervisors and coworkers likely to witness employee counterproductive work behavior? An investigation of observability and self-observer convergence [J]. Personnel Psychology, 2017, 70: 843-889.

[86] Černe M, Nerstad C.G.L., Dysvik A, et al. What goes around comes around: Knowledge hiding, perceived motivational climate, and creativity [J]. Academy of Management Journal, 2014, 57 (1): 172-192.

[87] Černe M., Hernaus T., Dysvik A., et al. The role of multilevel synergistic interplay among team mastery climate, knowledge hiding, and job characteristics in stimulating innovative work behavior [J]. Human Resource Management Journal, 2017, 27 (2): 281-299.

[88] Chae J.H., Piedmont R.L., Estadt B.K., et al. Personological evaluation of Clance's impostor phenomenon scale in a Korean sample [J]. Journal of Personality Assessment, 1995, 65 (7): 468-485.

[89] Chen J.-Q., Hou Z.-J., Li X., et al. The role of career growth in Chinese new employee's turnover process [J]. Journal of Career Development, 2015, 43: 11-25.

[90] Cheng D., Chan X.W., Amarnani R.K., et al. Finding humor in worklife conflict: Distinguishing the effects of individual and co-worker humor [J]. Journal of Vocational Behavior, 2021, 125 (10): 35-38.

[91] Christensen M., Aubeeluck A., Fergusson D., et al. Do student nurses experience imposter phenomenon? An international comparison of final-year undergraduate nursing students' readiness for registration [J]. Journal of Advanced Nursing, 2016, 72: 2784-2793.

[92] Clance P. R.. The impostor phenomenon [M]. Atlanta: Peachtree, 1985.

[93] Clance P.R., Dingman D., Reviere S.L., et al. Impostor phenomenon in an interpersonal/ social context: Origins and treatment [J]. Women & Therapy, 1995, 16 (4): 79-96.

[94] Clance P.R., Imes S.. The imposter phenomenon in high achieving women: dynamics and therapeutic intervention [J]. Psychotherapy: Theory, Research and Practice, 1978, 15 (3): 241-247.

[95] Clance P.R., O'Toole M.A. The imposter phenomenon: An internal barrier to empowerment and achievement [J]. Women & Therapy, 1987, 6 (7): 51-64.

[96] Cokley K., Awad G., Smith L., et al. The roles of gender stigma consciousness, impostor phenomenon and academic self-concept in the academic outcomes of women and men [J]. Sex Roles, 2015, 73 (9): 414-426.

[97] Corley K., Schinoff B.. Who, me? An inductive study of novice experts in the context of how editors come to understand theoretical contribution [J]. The Academy of Management Perspectives, 2017, 31 (1): 4-27.

[98] Cokley K., Smith L., Bernard D., et al. Impostor feelings as a moderator and mediator of the relationship between perceived discrimination and mental health among racial/ethnic minority college students [J]. Journal of Counseling Psychology, 2017, 64 (2): 41-54.

[99] Colbert A.E., Mount M.K., Harter J.K., et al. Interactive effects of personality and perceptions of the work situation on workplace deviance [J]. Journal of Applied Psychology, 2004, 89 (4): 599.

[100] Colquitt J.A., George G.. Publishing in AMJ- Part 1: Topic choice. Academy of Management Journal, 2011, 54 (3): 432-435.

[101] Connelly C.E., Zweig D.. How perpetrators and targets construe knowledge hiding in organizations [J]. European Journal of Work and Organizational Psychology, 2015, 24 (3): 479-489.

[102] Connelly C.E., Zweig D., Webster J., et al. Knowledge hiding in organizations [J]. Journal of Organizational Behavior, 2012, 33 (1): 64-88.

[103] Cooper J.T., Stanley L.J., Klein H.J., et al. Profiles of commitment in standard and fixed-term employment arrangements: Implications for work outcomes [J]. European Journal of Work and Organizational Psychology, 2016, 25 (1): 149-165.

[104] Cowman Shaun E., Ferrari Joseph R.. "Am I for real? " Predicting impostor tendencies from self-handicapping and affective components [J]. Social Behavior and Personality: An International Journal, 2002, 30 (2): 119-125.

[105] Crawford W.S., Kristen K. Shanine, Marilyn V. Whitman, et al. Examining the impostor phenomenon and work-family conflict [J]. Journal of Managerial Psychology, 2016, 31 (2): 375-390.

[106] Crocker J., Wolfe C.T.. Contingencies of self-worth [J]. Psychological Review, 2001, 108 (7): 593-604.

[107] Crocker J., Park L.E. The costly pursuit of self-esteem [J]. Psychological Bulletin, 2004, 130 (7): 392-414.

[108] Crocker J., Karpinski A., Quinn D.M., et al. When grades determine self-worth: Consequences of contingent self-worth for male and female engineering and psychology majors [J]. Journal of Personality and Social Psychology, 2003, 85 (5): 507-516.

[109] Crocker J., Park L.E.. Contingencies of self-worth. In M. R. Leary & J. P. Tangney (Eds.), Handbook of self and identity [M]. New York, NY: Guilford Press, 2012: 309-326.

[110] Cumming S.P., Smoll F.L., Smith R.E., et al. Is winning everything? The relative contributions of motivational climate and won-lost percentage in youth sports [J]. Journal of Applied Sport Psychology, 2007, 19: 322-336.

[111] Cusack C.E., Hughes J.L., Nuhu N.. Connecting gender and mental health to impostor phenomenon feelings [J]. Psi Chi Journal of Psychological Research, 2013, 18 (2): 74-81.

[112] Da Motta Veiga S.P.. The role and types of job search strategies as career growth tool for mid-career professionals [J]. Journal of Career Development, 2015, 42: 339-350.

[113] Deci E.L., Ryan R.M.. Intrinsic motivation and self-determination in human behavior [M]. New York: Plenum, 1985.

[114] De Cooman R., De Gieter S., Pepermans R., et al. Development and validation of the work effort scale [M]. European Journal of Psychological Assessment,

2009, 25 (4): 266-273.

[115] De Cooman R., Stynen D., Van den Broeck A., et al. How job characteristics relate to need satisfaction and autonomous motivation: Implications for work effort [J]. Journal of Applied Social Psychology, 2013, 43 (6): 1342-1352.

[116] Defillippi R.J., Arthur M.B.. The boundaryless career: A competency-based perspective [J]. Journal of Organizational Behavior, 1994, 15: 307-324.

[117] De Vos A., De Clippeleer I., DeWilde T.. Proactive career behaviors and career success during the early career [J]. Journal of Occupational and Organizational Psychology, 2009, 82: 761-777.

[118] Donald E.. Super. A life-span, life-space approach to career development [J]. Journal of Vocational Behavior, 1980, 16 (3): 282-298.

[119] Elliott E.S., Dweck C.S.. Goals: An approach to motivation and achievement [J]. Journal of Personality and Social Psychology, 1988, 54 (1): 5-12.

[120] Ellstrom P.. Many meanings of occupational competence and qualification [J]. Journal of European Industrial Training, 1997, 21 (6/7): 266-273.

[121] Fang Y.. Coping with fear and guilt using mobile social networking applications: Knowledge hiding, loafing, and sharing [J]. Telematics and Informatics, 2017, 34 (5): 779-797.

[122] Feng J., Wang C. Does abusive supervision always promote employees to hide knowledge? From both reactance and COR perspectives [J]. Journal of Knowledge Management, 2019, 23 (7): 1455-1474.

[123] Ferrari J.R., Thompson T. Impostor fears: Links with self-presentational concerns and self-handicapping behaviours [J]. Personality and Individual Differences, 2006, 40 (6): 341-352.

[124] Festinger L.. A theory of cognitive dissonance [M]. Stanford, CA: Stanford University Press, 1957.

[125] Fokkema M., Greiff S.. How performing PCA and CFA on the same data equals trouble [J]. European Journal of Psychological Assessment, 2017, 33 (2): 399-402.

[126] Folkman S., Lazarus R.S.. If it changes it must be a process: Study of emotion and coping during three stages of a college examination [J]. Journal of Personality and Social Psychology, 1985, 48: 150-170.

[127] Folkman S., Lazarus R.S., Dunkel-Schetter C., et al. Dynamics of a stressful encounter: Cognitive appraisal, coping, and encounter outcomes [J]. Journal of Personality and Social Psychology, 1986, 50 (5): 992-1003.

[128] French B.F., Ullrich-French S.C., Follman D.. The psychometric properties of the Clance impostor scale [J]. Personality and Individual Differences, 2008, 44 (5): 1270-1278.

[129] Fu S. (Q.), Greco L.M., Lennard A.C., et al. Anxiety responses to the unfolding COVID-19 crisis: Patterns of change in the experience of prolonged exposure to stressors [J]. Journal of Applied Psychology, 2021, 106 (1): 48-61.

[130] Gagne' M., Tian A.W., Soo C., et al. Different motivations for knowledge sharing and hiding: The role of motivating work design [J]. Journal of Organizational Behavior, 2019, 40 (7): 783-799.

[131] Ghani U., Teo T., Li Y., et al. Tit for tat: Abusive supervision and knowledge hiding—The role of psychological contract breach and psychological ownership [J]. International Journal of Environmental Research and Public Health, 2020, 17 (4): 1240.

[132] Greenhaus J.H., Callanan G.A., Godshalk V.M.. Career Management (3rd Ed.) [M]. Mason, OH: Thomson South-Western, 2000.

[133] Hackman J.R., Oldham G.R.. Motivation through the design of work: Test of a theory [J]. Organizational Behavior and Human Performance, 1976, 16: 250-279.

[134] Harvey J.C.. The impostor phenomenon and achievement: A failure to internalise success[D]. Temple University, Philadelphia, PA, 1981.

[135] Harvey J.C., Katz C.. If I'm so successful, why do I feel like a fake? The Impostor Phenomenon[M]. New York: St Martin's Press, 1985.

[136] Heider F.. The psychology of interpersonal relations [M]. New York: Wiley, 1958.

[137] Heider F.. Social perception and phenomenal causality [J]. Psychological Review, 1944, 51（6）: 358-374.

[138] Hewstone M., Stroebe W.. Introduction to social psychology: A European perspective（3rd ed.）[M]. Oxford: Blackwell, 2001.

[139] Hinkin T.R.. A brief tutorial on the development of measures for use in survey questionnaires [J]. Organizational Research Methods, 1998, 1（1）: 104-121.

[140] Hinojosa A.S., Gardner W. L., Walker H.J., et al. A Review of cognitive dissonance theory in management research: opportunities for further development [J]. Journal of Management, 2017, 43（1）: 170-199.

[141] Hobfoll S.E.. Conservation of resources: A new attempt at conceptualizing stress [J]. American Psychologist, 1989, 4（3）: 513.

[142] Hobfoll S.E.. The influence of culture, community, and the nested-self in the stress process: Advancing conservation of resources theory [J]. Applied psychology, 2001, 50（3）: 337-421.

[143] Hofmans J., Gelens J., Theuns P.. Enjoyment as a mediator in the relationship between task characteristics and work effort: An experience sampling study [J]. European Journal of Work and Organizational Psychology, 2014, 23（5）: 693-705.

[144] Hogg M.A., Terry D.J.. Social identity and self-categorization processes in organizational contexts [J]. Academy of Management Review, 2000, 25（1）: 121-140.

[145] Hunt S.D.. Modern Marketing Theory[M]. Cincinnati, OH: South-Western, 1991.

[146] Huo W., Cai Z., Luo J., et al. Antecedents and intervention mechanisms: A multi-level study of R&D team's knowledge hiding behavior [J]. Journal of Knowledge Management, 2016, 20（5）: 880-897.

[147] Hutchins H.M., Penney L.M., Sublett L.W. What impostors risk at work: Exploring impostor phenomenon, stress coping, and job outcomes [J]. Human Resource Development Quarterly, 2018, 29（7）: 31-48.

[148] Hutchins H.M.. Outing the impostor: A study exploring impostor phenomenon among higher education faculty [J]. New Horizons in Adult Education & Human Resource Development, 2015, 27（2）: 3-12.

[149] Ilgen D.R., Klein H.J.. Organizational behavior. In M.R. Rosenzweig & L.W. Porter（Eds.）, Annual Review of Psychology（Vol. 40, pp. 327–51）. Palo Alto, CA: Annual Reviews, 1989.

[150] Irum A., Ghosh K., Pandey A.. Workplace incivility and knowledge hiding: A research agenda [J]. Benchmarking: An International Journal, 2020, 27（3）: 958-980.

[151] Ismail M.. Men and women engineers in a large industrial organization: Interpretation of career progression based on subjective-career experience [J]. Women in Management Review, 2003, 18: 60-67.

[152] Jagacinski C.M., Nicholls J.G.. Conceptions of ability and related affects in task involvement and ego involvement [J]. Journal of Educational Psychology, 1984, 76: 909-919.

[153] Jahanzeb S., Fatima T., Bouckenooghe D., et al. The knowledge hiding link: A moderated mediation model of how abusive supervision affects employee creativity [J]. European Journal of Work and Organizational Psychology, 2019, 28（6）: 810-819.

[154] James W.. The principles of psychology[M]. Cambridge, MA: Harvard University Press, 1890.

[155] Jiang Z., Hu X., Wang Z., et al. Knowledge hiding as a barrier to thriving: The mediating role of psychological safety and moderating role of organizational cynicism [J]. Journal of Organizational Behavior, 2019, 40（7）: 800-818.

[156] Jiang H., Jiang X., Sun P., et al. Coping with workplace ostracism: The roles of emotional exhaustion and resilience in deviant behavior [J]. Management Decision, 2020, 59（2）: 358-371.

[157] Judge A.T., Bono E.J.. Relationship of core self-evaluations traits—self-esteem, generalized self-efficacy, efficacy, locus of control, and emotional

stability—with job satisfaction and job performance: A meta-analysis [J]. Journal of Applied Psychology, 2001, 86: 80-92.

[158] Judge T.A., Erez A., Bono J.E., et al. The core self-evaluations scale: Development of a measure [J]. Personnel Psychology, 2003, 56 (7): 303-331.

[159] Judge A.T., Hurst C. Capitalizing on one's advantages: Role of core self-evaluations [J]. Journal of Applied Psychology, 2007, 92: 1212-1227.

[160] Kahn W.A.. Psychological conditions of personal engagement and disengagement at work [J]. Academy of Management Journal, 1990, 33 (4): 692-724.

[161] Kahn R.L., Byosiere P.. Stress in organizations. In M. D. Dunnette & L. M. Hough (Eds.), Handbook of industrial and organizational psychology (2nd ed., Vol. 3, pp. 571-650). Palo Alto, CA: Consulting Psychologists Press, 1992.

[162] Kamarzarrin H., Khaledian M., Shooshtari M., et al. A study of the relationship between self-esteem and the impostor phenomenon in the physicians of Rasht city (Iran) [J]. Eur J Exp Biol, 2013, 3 (2): 363-378.

[163] Kark R., Meister A., Peters K.. Now you see me, now you don't: A conceptual model of the antecedents and consequences of leader impostorism [J]. Journal of Management, 2022, 48 (7): 1948-1979.

[164] Karavardar G.. Organizational career growth and turnover intention: An application in audit firms in Turkey [J]. International Business Research, 2014, 7: 67-76.

[165] Karatepe O.M., Uludag O., Menevis I., et al. The effects of selected individual characteristics on frontline employee performance and job satisfaction [J]. Tourism Management, 2006, 27: 547-560.

[166] Kay Brauer, René T. Proyer. Are impostors playful? Testing the association of adult playfulness with the impostor phenomenon [J]. Personality and Individual Differences, 2017, 116: 57-62.

[167] Kelley H.H., Michela J.L.. Attribution theory and research [J]. Annual Review of Psychology, 1980, 31 (2): 457-501.

[168] Kelley H.H.. The processes of casual attribution [J]. American Psychologist, 1973, 28: 107-128.

[169] Khalid M., Bashir S., Khan A.K., et al. When and how abusive supervision leads to knowledge hiding behaviors: An Islamic work ethics perspective [J]. Leadership & Organization Development Journal, 2018, 39 (6): 794-806.

[170] Kim B., Rhee E., Ha G., et al. Cross-cultural validation of the career growth scale for Korean employees [J]. Journal of Career Development, 2016, 43: 26-36.

[171] King Z.. Career self-management: Its nature, causes and consequences [J]. Journal of Vocational Behavior, 2004, 65: 112-133.

[172] Kmec J.A., Gorman E.H.. Gender and discretionary work effort: Evidence from the United States and Britain [J]. Work and Occupations, 2010, 37 (1): 3-36.

[173] Kolligian J., Sternberg R.J. Perceived fraudulence in young adults: Is there an "impostor syndrome"? [J]. Journal of Personality Assessment, 1991, 56 (7): 308-326.

[174] Kopperud K.H., Nerstad C.G., Dysvik A.. Should I stay or should I go? The role of motivational climate and work-home spillover for turnover intentions [J]. Frontiers in Psychology, 2020, 11: 1107.

[175] Kuijpers M.A.C.T., Meijers F., Gundy C.. The relationship between learning environment and career competencies of students in vocational education [J]. Journal of Vocational Behavior, 2011, 78: 21-30.

[176] Kuijpers M.A.C.T., Scheerens J.. Career competencies for the modern career [J]. Journal of Career Development, 2006, 32: 303-319.

[177] Kumar Jha J., Varkkey B.. Are you a cistern or a channel? Exploring factors triggering knowledge-hiding behavior at the workplace: Evidence from the Indian R&D professionals [J]. Journal of Knowledge Management, 2018, 22 (4): 824-849.

[178] Kuvaas B., Dysvik A.. Perceived investment in employee development, intrinsic motivation and work performance [J]. Human Resource Management Journal, 2009, 19 (3): 217-236.

[179] Kwon K., Cho D.. Developing trainers for a changing business envi-

ronment: The role of informal learning in career development [J]. Journal of Career Development, 2019: 1-18.

[180] Ladan S., Nordin N.B., Belal H.M.. Influence of transformational leadership on knowledge hiding: Mediating role of organizational psychological ownership [J]. International Journal of Business and Management Science, 2017, 7 (2): 261-277.

[181] Lazarus R.S., Folkman S.. Stress, appraisal, and coping[M]. New York, NY: Springer, 1984.

[182] Lazarus R.S., Folkman S.. Transactional theory and research on emotions and coping [J]. European Journal of personality, 1987, 1 (3): 141-169.

[183] Lazarus R.S. Progress on a cognitive-motivational-relational theory of emotion [J]. American Psychologist, 1991, 46 (8): 819-834.

[184] Leary M.R., Kowalski R.M. Impression management: A literature review and two-component model [J]. Psychological Bulletin, 1990, 107 (1): 34-47.

[185] Leary M.R., Downs D.L. Interpersonal functions of the self-esteem motive: The self-esteem system as a sociometer. In M. Kernis (Ed.), Efficacy, agency, and self-esteem[M]. New York: Plenum, 1995.

[186] Leary M.R., Patton K.M., Orlando E., et al. The impostor phenome-non: Self-perceptions, reflected appraisals, and interpersonal strategies [J]. Journal of Personality, 2000, 68 (5): 725-756.

[187] LePine J.A., Podsakoff N.P., LePine M.A.. A meta-analytic test of the challenge stressor - hindrance stressor framework: An explanation for inconsistent relationships among stressors and performance [J]. Academy of Management Journal, 2005, 48 (5): 764-775.

[188] LePine M.A., Zhang Y., Crawford E.R., et al. Turning their pain to gain: Charismatic leader influence on follower stress appraisal and job performance [J]. Academy of Management Journal, 2016, 59 (3): 1036-1059.

[189] Leonhardt M., Bechtoldt M.N., Rohrmann S.. All impostors aren't alike-differentiating the impostor phenomenon [J]. Frontiers in Psychology, 2017,

8（3）：1505.

[190] Levine J.. Social comparison and education. In J. Levine, M. Wang (Eds.), Teacher and student perceptions: Implications for learning [M]. Hillsdale, NJ: Erlbaum, 1983: 29–55.

[191] Lige Q.M., Peteet B.J., Brown C.M.. Racial identity, self-esteem, and the impostor phenomenon among African American college students [J]. Journal of Black Psychology, 2017, 43（4）: 345–357.

[192] Lim S., Tai K.. Family incivility and job performance: A moderated mediation model of psychological distress and core self-evaluation [J]. Journal of Applied Psychology, 2014, 99（2）: 351–359.

[193] Liu J.. Linking psychological capital and behavioral support for change: The roles of openness to change and climate for innovation [J]. Frontiers in Psychology, 2021, 12.

[194] Liu F., Li P., Taris T.W., et al. Creative performance pressure as a double-edged sword for creativity: The role of appraisals and resources [J]. Human Resource Management, 2022, 61（6）: 663–679.

[195] Locke E.A., Shaw K.N., Saari L.M., et al. Goal setting and task performance: 1969—1980 [J]. Psychological Bulletin, 1981, 90（1）: 125.

[196] Mak K.K., Kleitman S., Abbott M.J.. Impostor phenomenon measurement scales: A systematic review [J]. Frontiers in Psychology, 2019, 10（5）: 671–685.

[197] Majeed M., Naseer S.. Is workplace bullying always perceived harmful? The cognitive appraisal theory of stress perspective [J]. Asia Pacific Journal of Human Resources, 2019, 59（4）: 618–644.

[198] Malik O.F., Shahzad A., Raziq M.M., et al. Perceptions of organizational politics, knowledge hiding, and employee creativity: The moderating role of professional commitment [J]. Personality and Individual Differences, 2019, 142: 232–237.

[199] Mao C., Chang C.H., Johnson R.E., et al. Incivility and employee performance, citizenship, and counterproductive behaviors: Implications of the social

context [J]. Journal of Occupational Health Psychology, 2019, 24 (2): 213-227.

[200] McDowell W.C., Boyd N.G., Bowler W.M. Over-reward and the impostor phenomenon [J]. Journal of Managerial Issues, 2007, 19 (5): 95–110.

[201] McDowell W.C., Grubb W.L., Geho P.R. The impact of self-efficacy and perceived organizational support on the impostor phenomenon [J]. American Journal of Management, 2015, 15 (4): 23–29.

[202] McElwee R.O.B., Yurak T.J. The phenomenology of the impostor phenomenon [J]. Individual Differences Research, 2010, 8 (6): 184–197.

[203] McGonagle A.K., Fisher G.G., Barnes-Farrell J.L., et al. Individual and work factors related to perceived work ability and labor force outcomes [J]. Journal of Applied Psychology, 2015, 100 (2): 376–398.

[204] McGregor L.N., Gee D.E., Posey K.E. I feel like a fraud and it depresses me: The relation between the impostor phenomenon and depression [J]. Social Behavior and Personality: An international journal, 2008, 36 (1): 43–48.

[205] Men C., Fong P.S.W., Huo W., Zhong J., et al. Ethical leadership and knowledge hiding: A moderated mediation model of psychological safety and mastery climate [J]. Journal of Business Ethics, 2020, 166 (3): 461–472.

[206] Mitchell M.S., Greenbaum R.L., Vogel R.M., et al. Can you handle the pressure? The effect of performance pressure on stress appraisals, self-regulation, and behavior [J]. Academy of Management Journal, 2019, 62 (2): 531–552.

[207] Mohr L.A., Bitner M.J.. The role of employee effort in satisfaction with service transactions [J]. Journal of Business Research, 1995, 32: 239–252.

[208] Moore D. A., Healy P.J. The trouble with overconfidence [J]. Psychological Review, 2008, 115 (6): 502–517.

[209] Motowidlo S.J., Packard J.S., Manning M.R.. Occupational stress: Its causes and consequences for job performance [J]. Journal of Applied Psychology, 1986, 71 (4): 618–629.

[210] Nauta M.M., Liu C., Li C.. A cross-national examination of self-efficacy as a moderator of autonomy/ job strain relationships [J]. Applied Psychology: An International Review, 2010, 59 (1): 159–179.

[211] Naylor J.C., Pritchard R.D., Ilgen D.R.. A theory of behavior in organizations[M]. New York: Academic Press, 1980.

[212] Nerstad C.G., Caniëls M.C.J., Roberts G.C., et al. Perceived motivational climates and employee energy: The mediating role of basic psychological needs [J]. Frontiers in Psychology, 2020, 11: 1509.

[213] Nerstad C.G., Roberts G.C., Richardsen A.M.. Achieving success at work: Development and validation of the Motivational Climate at Work Questionnaire (MCWQ) [J]. Journal of Applied Social Psychology, 2013, 43 (11): 2231-2250.

[214] Nerstad C.G., Searle R., Černe, M., et al. Perceived mastery climate, felt trust, and knowledge sharing [J]. Journal of Organizational Behavior, 2018, 39 (4): 429-447.

[215] Neureiter M., Traut-Mattausch E.. An inner barrier to career development: Preconditions of the impostor phenomenon and consequences for career development [J]. Frontiers in Psychology, 2016, 7 (2): 48-63.

[216] Neves P., Mesdaghinia S., Eisenberger R., et al. Timesizing proximity and perceived organizational support: Contributions to employee well-being and extrarole performance [J]. Journal of Change Management, 2018, 18 (1): 70-90.

[217] Ng T.W., Eby L.T., Sorensen K.L., et al. Predictors of objective and subjective career success: A meta-analysis [J]. Personnel Psychology, 2005, 58: 367-408.

[218] Ng T.W., Sorensen K.L., Feldman D.C.. Dimensions, antecedents, and consequences of workaholism: A conceptual integration and extension [J]. Journal of Organizational Behavio, 2007, 28 (1): 111-136.

[219] Nouri H., Parker J.R.. Career growth opportunities and employee turnover intentions in public accounting firms [J]. British Accounting Review, 2013, 45: 138-148.

[220] Offergelt F., Spörrle M., Moser K., et al. Leader-signaled knowledge hiding: Effects on employees' job attitudes and empowerment [J]. Journal of Organizational Behavior, 2019, 40 (7): 819-833.

[221] Okurame D.. Impact of career growth prospects and formal mentoring on organisational citizenship behaviour [J]. Leadership & Organizational Development Journal, 2012, 33: 66-85.

[222] Ommundsen Y., Kval S.E.. Autonomy—Mastery, supportive or performance focused? Different teacher behaviours and pupils' outcomes in physical education [J]. Scandinavian Journal of Educational Research, 2007, 51 (4): 385-413.

[223] Opayemi S.A., Balogun K.S.. Extraversion, conscientiousness, goal management and lecturing profession in Nigeria [J]. IFE Psychology IA: An International Journal, 2011, 19: 65-74.

[224] Oriel K., Plane M.B., Mundt M.. Family medicine residents and the impostor phenomenon [J]. Family Medicine, 2004, 36 (4): 248-252.

[225] Palmer R.J., Welker R.B., Giacalone R.. The context of anticipated performance evaluation, self-presentational motivation, and performance effort [J]. The Journal of Psychology, 1993, 127 (2): 179-193.

[226] Pan W., Zhang Q.P., Teo T.S.H., et al. The dark triad and knowledge hiding [J]. International Journal of Information Management, 2018, 42: 36-48.

[227] Parsons T.. The structure of social action[M]. New York: Free Press, 1968.

[228] Paškvan M., Kubicek B., Prem R., et al. Cognitive appraisal of work intensification [J]. International Journal of Stress Management, 2016, 23 (2): 124-146.

[229] Patchen M. Participation, achievement, and involvement on the job [M]. Englewood Cliffs, NJ: Prentice-Hall, 1970.

[230] Patzak A, Kollmayer M, Schober B. Buffering impostor feelings with kindness: The mediating role of self-compassion between gender-role orientation and the impostor phenomenon [J]. Frontiers in Psychology, 2017, 8 (6): 65-76.

[231] Peng H. Why and when do people hide knowledge? [J]. Journal of Knowledge Management, 2013, 17 (3): 398-415.

[232] Peteet B.J., Brown C.M., Lige Q.M., et al. Impostorism is associated

with greater psychological distress and lower self-esteem for African American students [J]. Current Psychology, 2015, 34 (1): 154–163.

[233] Petriglieri J., Petriglieri G.. The talent curse: Why high potentials struggle and how they can grow through it [J]. Harvard Business Review, 2017, 95 (3): 88–95.

[234] Piccolo R.F., Greenbaum R., Hartog D.N.D., et al. The relationship between ethical leadership and core job characteristics [J]. Journal of Organizational Behavior, 2010, 31 (2): 259–278.

[235] Piyachat B., Chanongkorn K., Panisa M.. The relationships among perceived employer branding, employee engagement, and discretionary effort [J]. Suranaree Journal of Social Science, 2015, 9 (1): 37–60.

[236] Podsakoff P.M., MacKenzie S.B., Lee J.Y., et al. Common method biases in behavioral research: a critical review of the literature and recommended remedies [J]. Journal of Applied Psychology, 2003, 88 (5): 879.

[237] Podsakoff P.M., MacKenzie S.B., Podsakoff N.P.. Sources of method bias in social science research and recommendations on how to control it [J]. Annual Review of Psychology, 2012, 63: 539–569.

[238] Rhee Y.W., Choi J.N.. Knowledge management behavior and individual creativity: Goal orientations as antecedents and in-group social status as moderating contingency [J]. Journal of Organizational Behavior, 2017, 38 (6): 813–832.

[239] Riaz S., Xu Y., Hussain S.. Workplace ostracism and knowledge hiding: the mediating role of job tension [J]. Sustainability, 2019, 11 (20): 5547.

[240] Rice D.B., Busby A.D.. How and when supervisors' challenge appraisals impact employee bottom-line mentality? The roles of supervisor duty orientation and employee positive affectivity [J]. Current Psychology, 2023, 42 (18): 15248–15260.

[241] Rice D.B., Day S.W.. The impact of hindrance appraisals on leader bottom-line mentality: Implications for leadership drawbacks and the amplification effect of leader neuroticism [J]. International Journal of Stress Management, 2022, 29 (3): 229–240.

[242] Roberts G.C., Kavussanu M., Sprague R.L.. Mentoring and the impact of the research climate [J]. Science and Engineering Ethics, 2001, 7: 525-537.

[243] Roberts G.C., Treasure D. C., Conroy D. E.. Understanding the dynamics of motivation in sport and physical activity. In G. Tenenbaum & R. C. Eklund (Eds.), Handbook of sport psychology (3rd) [M]. Hoboken, NJ: John Wiley & Sons, Inc, 2007.

[244] Rotter J.B..Generalized expectancies for internal versus external control of reinforcement [J]. Psychological Monograph, 1966, 80: 1-28.

[245] Sackett P.R., Lievens F., Van Iddekinge C.H., et al. Individual differences and their measurement: A review of 100 years of research [J]. Journal of Applied Psychology, 2017, 102: 254-273.

[246] Sakulku J., Alexander J.. The Impostor Phenomenon [J]. International Journal Behavioral Science, 2011, 6 (1): 75-97.

[247] Sakurai K., Jex S.M. Coworker incivility and incivility targets' work effort and counterproductive work behaviors: The moderating role of supervisor social support [J]. Journal of Occupational Health Psychology, 2012, 17 (2): 150.

[248] Schaufeli W.B., Salanova M., Gonzalez-Roma V. et al The measurement of engagement and burnout: A two sample confirmatory factor analytic approach [J]. Journal of Happiness Studies, 2002, 3 (1): 71-92.

[249] Schaufeli Wilmar B., Akihito Shimazu, Toon W. Taris. Being driven to work excessively hard: The evaluation of a two-factor measure of workaholism in the Netherlands and Japan [J]. Cross-Cultural Research, 2009, 43 (4): 320-348.

[250] Schermuly C.C., Meyer B.. Good relationships at work: The effects of leader-member exchange and team-member exchange on psychological empowerment, emotional exhaustion, and depression [J]. Journal of Organizational Behavior, 2016, 37 (5): 673-691.

[251] Schubert N., Bowker A. Examining the impostor phenomenon in relation to self-esteem level and self-esteem instability [J]. Current Psychology, 2019, 38 (6): 749-755.

[252] Schwab D.P. Construct validity in organization behavior.In B.M.Staw &

L.L. Cummings (Eds.). Research in organizational behavior[M]. GreenwichCT: JAI, 1980.

[253] Semerci A.B. Examination of knowledge hiding with conflict, competition and personal values [J].International Journal of Conflict Management, 2019, Vol. 30 No. 1, pp. 111-131.

[254] Seifriz J.J., Duda J.L., Chi L.. The relationship of perceived motivational climate to intrinsic motivation and beliefs about success in basketball [J]. Journal of Sport and Exercise Psychology, 1992, 14: 375-391.

[255] Serenko A., Bontis N.. Understanding counterproductive knowledge behavior: Antecedents and consequences of intra-organizational knowledge hiding [J]. Journal of Knowledge Management, 2016, 20 (6): 1199-1224.

[256] Seibert S.E., Kraimer M.L., Liden R.C.. A social capital theory of career success [J]. Academy of Management Journal, 2001, 44: 219-237.

[257] Shah M., Hashmi S., M.. Relationship between organizational culture and knowledge hiding in software industry: Mediating role of workplace ostracism and workplace incivility [J]. Pakistan Journal of Commerce and Social Science, 2019, 13 (4): 934-952.

[258] Sharafizad J., Redmond J., Morris R..Leadership/management factors impact on employee engagement and discretionary effort [J].International Journal of Organization Theory & Behavior, 2020, 23 (1): 43-64.

[259] Sherk John. The relationship between organizational commitment, discretionary effort, and turnover intent[D]. University of Southern Mississippi, 2019.

[260] Silvia Bagdadli, Martina Gianecchini. Organizational career management practices and objective career success: A systematic review and framework [J]. Human Resource Management Review, 2019, 29 (3): 353-370.

[261] Sim Y., Lee E.S.. Perceived underqualification and job attitudes: The role of transformational leadership [J]. Leadership & Organization Development Journal, 2018, 39 (8): 962-974.

[262] Singh S.K.. Territoriality, task performance, and workplace deviance: Empirical evidence on role of knowledge hiding [J]. Journal of Business Research,

2019, 97: 10-19.

[263] Sitkin S.B., See K.E., Miller C.C., et al. The paradox of stretch goals: Organizations in pursuit of the seemingly impossible [J]. Academy of Management Review, 2011, 36: 544-566.

[264] S˘kerlavaj M., Connelly C.E., Cerne M., et al. Tell me if you can: time pressure, prosocial motivation, perspective taking, and knowledge hiding [J]. Journal of Knowledge Management, 2018, 22 (7): 1489-1509.

[265] Skinner E., Furrer C., Marchand G., et al. Engagement and disaffection in the classroom: Part of a larger motivational dynamic? [J]. Journal of Educational Psychology, 2008, 100 (4): 765.

[266] Slank S.. Rethinking the imposter phenomenon [J]. Ethical Theory and Moral Practice, 2019, 22 (1): 205-218.

[267] Sliter M., Kale A., Yuan Z.. Is humor the best medicine? The buffering effect of coping humor on traumatic stressors in firefighters [J]. Journal of Organizational Behavior, 2014, 35 (2): 257-272.

[268] Sonnentag S., Frese M.. Stress in organizations. In W. C. Borman, D. R. Ilgen, & R. J. Klimoski (Eds.), Comprehensive handbook of psychology: Vol. 12: Industrial and organizational psychology [M]. Hoboken, NJ: Wiley, 2003: 453-491.

[269] Spagnoli P.. Organizational socialization learning, organizational career growth and work outcomes: A moderated mediation model [J]. Journal of Career Development, 2019, 3: 1-17.

[270] Stevan E. Hobfoll, Jonathon Halbesleben, Jean-Pierre Neveu, et al. Conservation of resources in the organizational context: The reality of resources and their consequences [J]. Annual Review of Organizational Psychology and Organizational Behavior, 2018, 5 (1): 103-128.

[271] Sulsky L., Smith C. Work stress: Macro-level work stressors. In A. Monat, R. S. Lazarus, & G. Reevy (Eds.), The Praeger handbook on stress and coping[M]. Greenwood Publishing Group, 2007.

[272] Syed F., Naseer S., Shamim F.. Dealing with the devil: Combined

effects of destructive leadership and Dark Triad personality on revenge, happiness and psychological detachment [J]. Canadian Journal of Administrative Sciences, 2022, 39 (2): 213-230.

[273] Tewfik B. The impostor phenomenon revisited: Examining the relationship between workplace impostor thoughts and interpersonal effectiveness at work [J]. The Academy of Management Journal, 2022, 65 (3): 988-1018.

[274] Tewfik B. Workplace impostor thoughts: Theoretical conceptualization, construct measurement, and relationships with work-related outcomes[D]. University of Pennsylvania, 2019.

[275] Thompson T., Foreman P., Martin F.. Impostor fears and perfectionist concern over mistakes [J]. Personality and Individual Difference, 2000, 29 (4): 629-647.

[276] Thompson J., Gomez R.. The role of self-esteem and self-efficacy in moderating the effect of workplace stress on depression, anxiety and stress [J]. The Australasian Journal of Organizational Psychology, 2014, 7 (2): 1-14.

[277] Trougakos J.P., Chawla N., McCarthy J.M.. Working in a pandemic: Exploring the impact of COVID-19 health anxiety on work, family, and health outcomes [J]. Journal of Applied Psychology, 2020, 105 (11): 1234-1245.

[278] Turner J.C., Hogg M.A., Oakes P.J., et al. Rediscovering the social group: A self fcategorization theory[M]. Oxford and New York: Basil Blackwell, 1987.

[279] Turner J. C. Social identification and psychological group formation. H. Tajfel, The Social Dimension: European Developments in Social Psychology [C]. Cambridge: Cambridge University Press, 1984: 518-538.

[280] Van Osch Y., Schaveling J..The effects of part-time employment and gender on organizational career growth [J]. Journal of Career Development, 2019 5: 1-16.

[281] Vande Griek O.H., Clauson M.G., Eby L.T.. Organizational career growth and proactivity: A typology for individual career development [J]. Journal of Career Development, 2019, 6: 1-14.

[282] Venz L., Nesher Shoshan H.. Be smart, play dumb? A transactional perspective on day-specific knowledge hiding, interpersonal conflict, and psychological strain [J].Human Relations, 2022, 75 (1): 113-138.

[283] Verbruggen M.. Psychological mobility and career success in the "new" career climate [J]. Journal of Vocational Behavior, 2012, 81: 289-297.

[284] Vergauwe J., Wille B., Feys M., et al. Fear of being exposed: the trait-relatedness of the impostor phenomenon and its relevance in the work context [J]. Journal of Business and Psychology, 2015, 30 (7): 565-581.

[285] Villwock J.A., Sobin L.B., Koester L.A., et al. Impostor syndrome and burnout among American medical students: A pilot study [J]. International Journal of Medical Education, 2016, 7 (9): 364-379.

[286] Vogel R M, Mitchell M S, Tepper B J, et al. A cross-cultural examination of subordinates' perceptions of and reactions to abusive supervision [J]. Journal of Organizational Behavior, 2015, 36 (5): 720-745.

[287] Wang Y., Han M.S., Xiang D., et al. The double-edged effects of perceived knowledge hiding: empirical evidence from the sales context [J]. Journal of Knowledge Management, 2018, 23 (2): 279-296.

[288] Wang Y., Huang Q., Davison R. M., et al. Role stressors, job satisfaction, and employee creativity: The cross-level moderating role of social media use within teams [J]. Information & Management, 2021, 58 (3): 103317.

[289] Wang Y., Kim Y., Lau D.C.. Creative identity asymmetry: When and how it impacts psychological strain and creative performance [J]. Asia Pacific Journal of Management, 2021, 6: 1-38.

[290] Wang Q., Weng Q., McElroy C., et al. Organizational career growth and subsequent voice behavior: The role of affective commitment and gender [J]. Journal of Vocational Behavior, 2014, 84: 431-441.

[291] Wang M., Lu C. Q., Lu L.. The positive potential of presenteeism: An exploration of how presenteeism leads to good performance evaluation [J]. Journal of Organizational Behavior, 2023, 44 (6): 920-935.

[292] Want J., Kleitman S.. Impostor phenomenon and self-handicapping:

Links with parenting styles and self-confidence [J]. Personality and Individual Differences, 2006, 40 (8): 961-971.

[293] Webster J.R., Beehr T. A., Love K.. Extending the challenge-hindrance model of occupational stress: The role of appraisal [J]. Journal of Vocational Behavior, 2011, 79 (2): 505-16.

[294] Weiner B.. An attributional theory of achievement motivation and emotion [J]. Psychological Review, 1985, 92 (3): 548-573.

[295] Weiner B. (1985). Attribution Theory. In: Human Motivation. Springer, New York, NY.

[296] Weiner B., Frieze I.H., Kukla A., et al. Perceiving the causes of success and failure[M]. Morristown, NJ: General Learning Press, 1971.

[297] Weiner B.. A theory of motivation for some classroom experiences [J]. Journal of Educational Psychology, 1979, 71: 3-25.

[298] Weng Q., McElroy J. C.. Organizational career growth, affective occupational commitment and turnover intention [J]. Journal of Vocational Behavior, 2012, 80: 256-265.

[299] Weng Q., McElroy C.J., Morrow C.P., et al. The relationship between career growth and organizational commitment [J]. Journal of Vocational Behavior, 2010, 77: 391-400.

[300] Weng Q. (Derek), Zhu L.. Individuals' career growth within and across organizations: A review and agenda for future research [J]. Journal of Career Development, 2020, 47 (3): 239-248.

[301] Whitman M.V., Shanine K.K.. Revisiting the impostor phenomenon: How individuals cope with feelings of being in over their heads. P. Perrewé, J. Halbesleben, & C. Rosen (Ed.), The role of the economic crisis on occupational stress and well being, 2012, 10: 177-212.

[302] Wisse B., Rus D., Keller A.C., et al. "Fear of losing power corrupts those who wield it": The combined effects of leader fear of losing power and competitive climate on leader self-serving behavior [J]. European Journal of Work and Organizational Psychology, 2019, 28 (6): 742-755.

[303] Wu S., Pitafi A.H., Pitafi S., et al. Investigating the consequences of the socio-instrumental use of enterprise social media on employee work efficiency: A work-stress environment [J]. Frontiers in Psychology, 2021, 12: 738118.

[304] Xie J., Huang Q., Wang H., et al. Coping with negative workplace gossip: The joint roles of self-monitoring and impression management tactics [J]. Personality and Individual Differences, 2019, 151: 109482.

[305] Yang Y., Liu H.Y., Liu J.Y., et al. The impact of work support and organizational career growth on nurse turnover intention in China [J]. International Journal of Nursing Science, 2015, 2: 134–139.

[306] Yao Z., Zhang X., Luo J., et al. Offense is the best defense: the impact of workplace bullying on knowledge hiding [J]. Journal of Knowledge Management, 2020, 24 (3): 675–695.

[307] Yeo G., Neal A.. A multilevel analysis of effort, practice, and performance effects of ability, conscientiousness, and goal orientation [J]. Journal of Applied Psychology, 2004, 89: 231–247.

[308] Yu W-h, Kuo JC-L. Going the extra mile at work: Relationships between working conditions and discretionary work effort [J]. Plos one, 2023, 18 (8): e0288521.

[309] Zanchetta M., Junker S., Wolf A-M., et al. "Overcoming the fear that haunts your success" —The effectiveness of interventions for reducing the impostor phenomenon [J]. Frontiers in Psychology, 2020, 11 (7): 405–420.

[310] Zhang Z., Min M.. The negative consequences of knowledge hiding in NPD project teams: The roles of project work attributes [J]. International Journal of Project Management, 2019, 37 (2): 225–238.

[311] Zhang F., Parker S.K.. Reducing demands or optimizing demands? Effects of cognitive appraisal and autonomy on job crafting to change one's work demands [J]. European Journal of Work and Organizational Psychology, 2022, 31 (5): 641–654.

[312] Zhang Q., Wang X. H., Nerstad C. et al. Motivational climates, work passion, and behavioral consequences [J]. Journal of Organizational Behavior,

2022, 43（9）: 1579-1597.

[313] Zhao X., Zhou M., Liu Q., et al. Proactive personality as a moderator between work stress and employees' internal growth [J]. Social Behavior and Personality, 2016, 44: 603–618.

[314] Zhao H., He P., Sheard G., et al. Workplace ostracism and knowledge hiding in service organizations [J]. International Journal of Hospitality Management, 2016, 59: 84-94.

[315] Zigarmi D, Roberts TP, Alan Randolph W. Employees' perceived use of leader power and implications for affect and work intentions [J]. Human Resource Development Quarterly, 2015, 26（4）: 359-384.